POLÍTICA

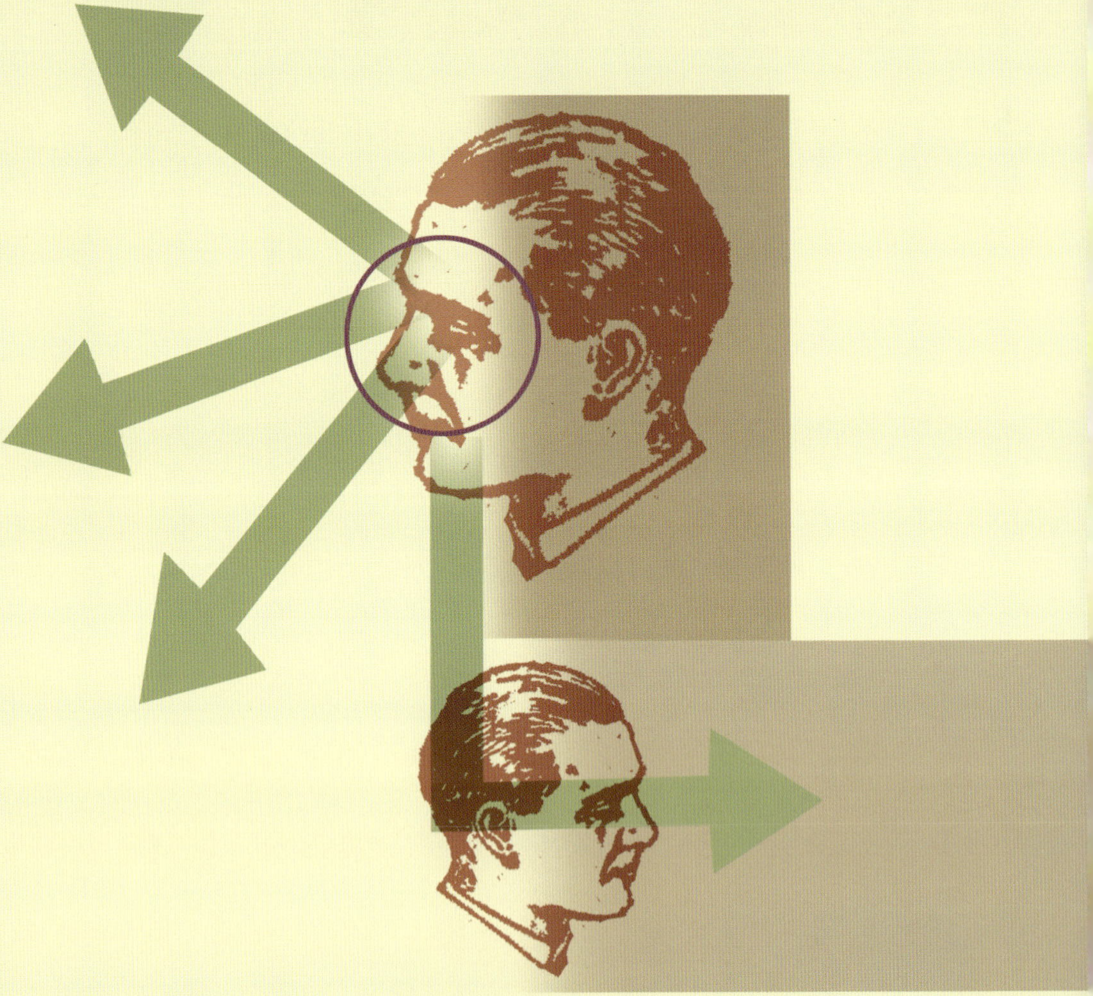

POLÍTICA

50 conceitos e teorias fundamentais explicados de forma clara e rápida

Editor **Steven L. Taylor**

PubliFolha

Título original: *30-Second Politics*

Publicado originalmente na Grã-Bretanha em 2011 pela Ivy Press Limited, 210 High Street, Lewes, East Sussex, BN7 2NS, Inglaterra.

Copyright © 2011 by Ivy Press Limited
Copyright © 2016 Publifolha Editora Ltda.

Todos os direitos reservados. Nenhuma parte desta obra pode ser reproduzida, arquivada ou transmitida de nenhuma forma ou por nenhum meio sem a permissão expressa e por escrito da Publifolha Editora Ltda.

Proibida a comercialização fora do território brasileiro.

Coordenação do projeto **Publifolha**
Editora-assistente **Andréa Bruno**
Produtora gráfica **Samantha R. Monteiro**

Produção editorial **Página Viva**
Edição **Carlos Tranjan**
Tradução **Fernando Santos**
Revisão **Paula Mendes, Juliana Prado**
Diagramação **Yara Penteado Anderi, Catharine Rodrigues**
Consultoria **José Farias dos Santos, mestre em ciências sociais pela Pontifícia Universidade Católica de São Paulo**

Edição original **Ivy Press**
Diretor de criação **Peter Bridgewater**
Publisher **Jason Hook**
Diretora editorial **Caroline Earle**
Diretor de arte **Michael Whitehead**
Editor **Steven L. Taylor**
Designer **Ginny Zeal**
Projeto gráfico **Linda Becker**
Ilustrações **Ivan Hissey**
Perfis e glossários **Steve Luck**
Editora-chefe **Stephanie Evans**
Editor-assistente **Jamie Pumfrey**
Colaboradores **Michael Bailey, Elizabeth Blum, G. Doug Davis, Christopher N. Lawrence, Feng Sun, Steven L. Taylor, Gregory Weeks**

Dados Internacionais de Catalogação na Publicação (CIP)
(Câmara Brasileira do Livro, SP, Brasil)

Política : 50 conceitos e teorias fundamentais explicados de forma clara e rápida / editor Steven L. Taylor ; [tradução Fernando Santos]. – São Paulo : Publifolha, 2016. – (50 conceitos)

Título original: 30-second politics.
Vários colaboradores
ISBN 978-85-68684-48-1

1. Ciências políticas 2. Ciências políticas - Miscelânea
I. Taylor, Steven L. II. Série.

16-02093   CDD-320

Índices para catálogo sistemático:
1. Ciências políticas   320

Este livro segue as regras do Acordo Ortográfico da Língua Portuguesa (1990), em vigor desde 1º de janeiro de 2009.

Impresso na China.

PubliFolha
Divisão de Publicações do Grupo Folha
Al. Barão de Limeira, 401, 6º andar
CEP 01202-900, São Paulo, SP
Tel.: (11) 3224-2186/2187/2197
www.publifolha.com.br

SUMÁRIO

6   Introdução

10 **Uma questão básica: quem governa?**
12 GLOSSÁRIO
14 Monarquia
16 Despotismo
18 Aristocracia
20 Perfil: Aristóteles
22 Oligarquia
24 Democracia
26 Soberania popular
28 Autoritarismo
30 Conflito de classe

32 **Governo de poucos**
34 GLOSSÁRIO
36 Governo de partido único
38 Fascismo
40 Perfil: Benito Mussolini
42 Nazismo
44 Totalitarismo
46 Patrimonialismo
48 Pretorianismo
50 Teocracia

52 **Governo da maioria**
54 GLOSSÁRIO
56 Anarquismo
58 Democracia representativa
60 Majoritarianismo
62 Representação proporcional
64 Liberalismo clássico
66 Perfil: John Locke
68 Conservadorismo
70 Liberalismo
72 Libertarianismo
74 Social-democracia

76 **Elementos da democracia**
78 GLOSSÁRIO
80 Poder Legislativo
82 Poder Executivo
84 Poder Judiciário
86 Separação de poderes
88 Perfil: Charles-Louis de Secondat, barão de Montesquieu
90 Freios e contrapesos
92 Democracia parlamentarista
94 Federalismo
96 Estado unitário

98 **Comunismo**
100 GLOSSÁRIO
102 Comunismo
104 Marxismo
106 Perfil: Karl Marx
108 Leninismo
110 Maoismo
112 Anarcossindicalismo

114 **Economia política**
116 GLOSSÁRIO
118 Capitalismo
120 Socialismo
122 Globalização
124 Keynesianismo
126 Mercantilismo
128 Neoliberalismo
130 Perfil: Ayn Rand
132 Objetivismo

134 **Relações internacionais**
136 GLOSSÁRIO
138 Realismo
140 Perfil: Hans Morgenthau
142 Imperialismo
144 Neoconservadorismo
146 Nacionalismo
148 Ambientalismo
150 Construtivismo

152 APÊNDICES
154 Sobre os colaboradores
155 Fontes de informação
158 Índice
160 Agradecimentos

INTRODUÇÃO
Steven L. Taylor

Para grande satisfação dos cientistas políticos em geral, Aristóteles definiu certa vez o estudo da política como a "mais importante das ciências". É claro que ele não o fez para inflar o ego de alguns acadêmicos; em vez disso, externou a ideia de que a investigação das interações entre os seres humanos dentro dos limites da vida política abarcava o estudo de praticamente tudo. Embora, por um lado, essa formulação possa parecer pretensiosa, imagine, por outro, o conjunto de temas abrigados sob o título genérico "política": para citar apenas alguns, guerra e paz, justiça criminal, taxação, regulamentações de segurança, direitos e liberdades civis, comércio, aborto, casamento e normas que regem a investigação científica. Dada a importância desses tipos de tema, as regras e estruturas que controlam seus conteúdos e sua aplicação afetam diretamente nossas vidas. Dito de outra forma: a vida diária de alguém seria muito diferente se ele tivesse nascido na Coreia do Norte e não na Coreia do Sul, tanto em termos de condições materiais quanto no campo dos direitos e privilégios. Resumindo: a política é importante, e este livro procura ajudar a esclarecer alguns conceitos do mundo político e o vocabulário que o acompanha.

Aristóteles oferece um bom ponto de partida para se iniciar a discussão, pois criou uma tipologia simples, porém útil, para classificar os tipos de regime levando em conta quem governa: apenas uma pessoa, poucas ou a maioria delas. Essa abordagem constitui o fundamento da primeira parte do livro – **Uma questão básica: quem governa?** –, que explica detalhadamente, em termos básicos, com o que se pareceria um governo de um, de poucos ou

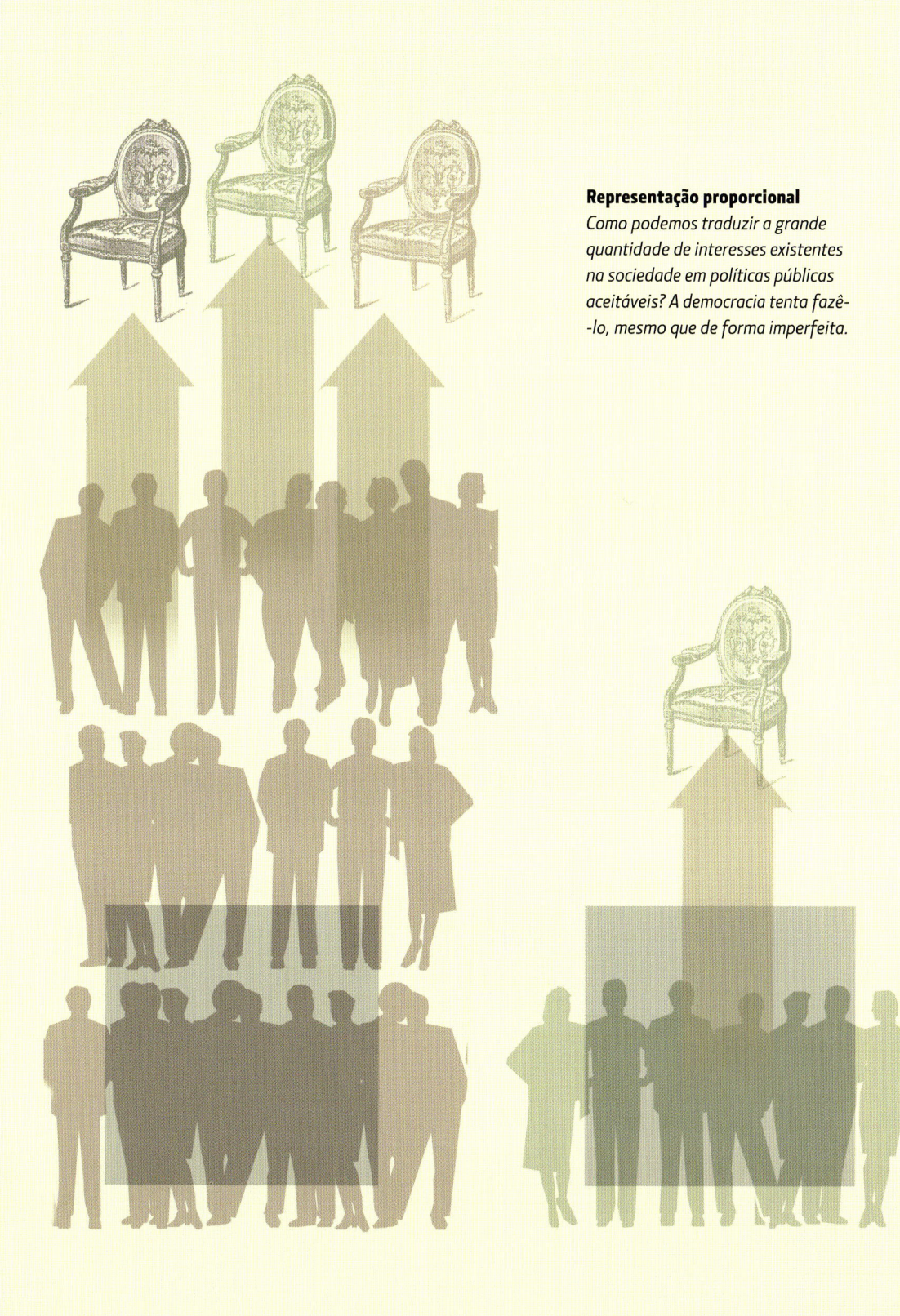

Representação proporcional
Como podemos traduzir a grande quantidade de interesses existentes na sociedade em políticas públicas aceitáveis? A democracia tenta fazê-lo, mesmo que de forma imperfeita.

de muitos. A segunda parte – **Governo de poucos** – examina especificamente os regimes em que um ou poucos governam, ou o que chamaríamos no linguajar moderno de regimes autoritários. Passamos em seguida à questão do **Governo da maioria** – em outras palavras, os regimes democráticos –, analisando os elementos básicos da governança democrática. A quarta parte – **Elementos da democracia** – considera especificamente os elementos-chave de governança, em especial a de natureza democrática, sob o prisma da obra de Montesquieu, o filósofo francês que influenciou profundamente os autores da Constituição dos Estados Unidos. Como no momento a democracia é a forma de governo predominante no mundo (ainda que exercida de maneira imperfeita), dedicamos mais tempo a esse tópico geral que a qualquer outro.

Na quinta parte do livro – **Comunismo** –, estudamos as diversas teorias dessa doutrina econômica e sociopolítica. Embora seja verdade que, salvo por um punhado de renitentes, o comunismo seja um tipo obsoleto de regime, os conceitos ainda têm relevância para o discurso político, uma vez que a terminologia continua entre nós (sem falar que a ordem mundial atual foi em grande medida moldada, até algumas décadas atrás, por essas ideias).

Além dos tipos de regime e das escolas de pensamento, este livro leva em conta outros elementos. Um deles é a clara ligação entre política e economia, o que explica o fato de a penúltima parte – **Economia política** – tratar de uma grande quantidade de temas interligados. Outro foco importante para o estudo da política é a pergunta: por que os países vão à guerra e por que celebram a paz? Assim, a parte final – **Relações internacionais** – destaca alguns termos e conceitos-chave desse campo de ação.

O livro fornece um extenso cardápio de conceitos, embora ofereça apenas uma amostra de cada um deles. Esperamos que esses exemplos sirvam de inspiração para ajudá-lo a refletir, ler e pesquisar mais sobre o assunto.

Globalização
Um desafio político fundamental da época atual é que estamos ficando cada vez mais interconectados.

UMA QUESTÃO BÁSICA: QUEM GOVERNA?

UMA QUESTÃO BÁSICA: QUEM GOVERNA?
GLOSSÁRIO

burguesia Termo mais frequentemente associado ao marxismo para descrever os proprietários dos meios de produção, ou seja, as classes média e superior capitalistas.

cidade-Estado Estado independente que abrange uma única cidade com soberania sobre os territórios adjacentes. As cidades-Estado mais famosas são as da Grécia antiga, como Esparta, Atenas e Tebas. Embora em sua maioria as cidades-Estado tenham adotado inicialmente a monarquia, elas desenvolveram, ao longo do tempo, sistemas políticos alternativos, tais como a aristocracia, a oligarquia e a democracia.

despotismo esclarecido Poder absoluto de um monarca que governava levando em conta a filosofia iluminista. Esses governantes realizaram reformas que estimularam a liberdade de expressão, a tolerância religiosa e o direito à propriedade privada. O apoio às artes e a criação de estabelecimentos de ensino também eram indicadores de despotismo esclarecido.

economia mista Termo utilizado para descrever uma economia em que existem elementos desregulados e regulados. A maioria dos países desenvolvidos, embora almeje alcançar o livre mercado em termos da livre circulação de bens, da força de trabalho e assim por diante, inclui alguma forma de intervenção governamental, seja por meio de subsídios a determinados setores da economia, seja pelos investimentos em programas sociais.

marxismo-leninismo Variação da ideologia marxista clássica criada por Vladimir Lênin. Para ele, por meio da atuação da burguesia, a economia imperialista proporcionava um bem-estar razoável para o proletariado, impedindo a revolução. Consequentemente, o proletariado precisaria ser conduzido à transformação por revolucionários conscientes e engajados. Lênin também identificou o mundo em desenvolvimento como o campo de batalha da ação revolucionária contra o imperialismo. Em 1919, o marxismo-leninismo foi adotado como ideologia dominante pela Internacional Comunista.

meritocracia Sistema ideológico de governo em que os indivíduos alcançam posições de responsabilidade e poder em virtude unicamente de sua capacidade intelectual. O propósito de um sistema meritocrático é evitar o nepotismo e o compadrio, mas seus detratores argumentam que "mérito" é algo difícil de quantificar.

monarquia constitucional Sistema de governo em que o monarca, embora sendo o chefe de Estado, ocupa-se apenas de tarefas cerimoniais e oficiais. A maioria das monarquias de hoje existe dentro da estrutura de um sistema parlamentar constitucional no qual as leis são aprovadas por meio de um parlamento eleito democraticamente.

monarquia hereditária Forma de monarquia na qual o título de rei ou rainha é passado para o filho ou a filha mais velho, ou para o parente consanguíneo mais próximo, por ocasião da morte do monarca reinante. Quase todas as monarquias eram e ainda são baseadas no sistema hereditário, embora historicamente a primogenitura masculina – na qual os rapazes sempre herdavam antes das moças ou na qual estas eram totalmente excluídas – fosse comum.

poder absolutista Controle absoluto de todas as instâncias de um Estado, ou de uma comunidade, e de seus habitantes. O termo é utilizado geralmente para se referir ao poder de monarcas absolutistas. Estes governavam de forma absoluta em parte devido à noção do direito divino dos reis, que afirmava que o direito do rei de governar provinha diretamente de Deus.

proletariado Termo empregado na teoria marxista para descrever a classe trabalhadora; como o proletariado não possui os meios de produção, tem de vender sua força de trabalho para sobreviver.

socialismo árabe Ideologia política que mescla elementos de socialismo com uma pauta pan-árabe e que procura unir os diversos países do mundo árabe. Embora esse tipo de socialismo siga muitas das políticas sociais e econômicas do socialismo europeu, ele se diferencia deste último por conservar uma forte identidade cultural e espiritual árabe.

tirano Governante que dispõe de poder absoluto. Nos dias de hoje, "tirano" é sinônimo de soberano autoritário que governa de forma despótica e cruel. O termo, que tem origem na Grécia antiga, descrevia alguém que havia tomado o poder e governado de forma arbitrária e violenta.

MONARQUIA

As monarquias hereditárias
existiram ao longo de toda a história, tendo tradicionalmente alegado que seu poder provinha de Deus ou de outra fonte divina, mesmo em sociedades que não eram organizadas como teocracias. Em termos práticos, alguns monarcas foram tão temidos (ou amados) que podiam governar com um poder *absoluto* sobre seus súditos, enquanto outros foram apenas figuras decorativas cujo verdadeiro poder era compartilhado com duques, condes e príncipes. Durante as Guerras Napoleônicas, o imperador francês Napoleão I chegou a nomear "reis" para governar vários dos Estados fantoches criados por ele. No mundo moderno, as monarquias evoluíram em direções diferentes. As europeias (com exceção da Cidade do Vaticano) tornaram-se monarquias *constitucionais*, em que o soberano conserva pouco poder no dia a dia; o comando de fato do rei ou da rainha é limitado pela lei e pela tradição, enquanto o verdadeiro poder cabe a um primeiro-ministro escolhido por um parlamento eleito. Outras monarquias, como a Arábia Saudita e os Estados-membros dos Emirados Árabes Unidos, ainda têm monarcas que governam o país diretamente.

DOUTRINA
Monarquia é um país, uma nação ou um império governado de forma nominal ou absoluta por um rei, uma rainha, um xeque ou similar.

DISCURSO
Embora algumas monarquias hereditárias tenham durado bastante, outras pereceram – às vezes literalmente. Em alguns países, como Reino Unido e Holanda, o monarca tornou-se um símbolo importante da unidade nacional; em outros, como Grécia e Itália no século XX, o monarca foi uma fonte de divisão que levou a seu afastamento. O comunismo não simpatizava com as monarquias. Como resultado, a família real russa foi executada, enquanto a realeza de outros países comunistas foi obrigada a se exilar.

TEMAS RELACIONADOS
DESPOTISMO
p. 16
ARISTOCRACIA
p. 18
TEOCRACIA
p. 50
IMPERIALISMO
p. 142

DADOS BIOGRÁFICOS
CARLOS MAGNO
768-814
Rei dos francos

LUÍS XIV
1643-1715
Rei da França no auge da monarquia absolutista

JUAN CARLOS I
1975-2014
Presidiu a restauração da democracia depois de Franco

CITAÇÃO
Christopher N. Lawrence

"O rei reina, mas não governa."
JAN ZAMOYSKI

Uma questão básica: quem governa?

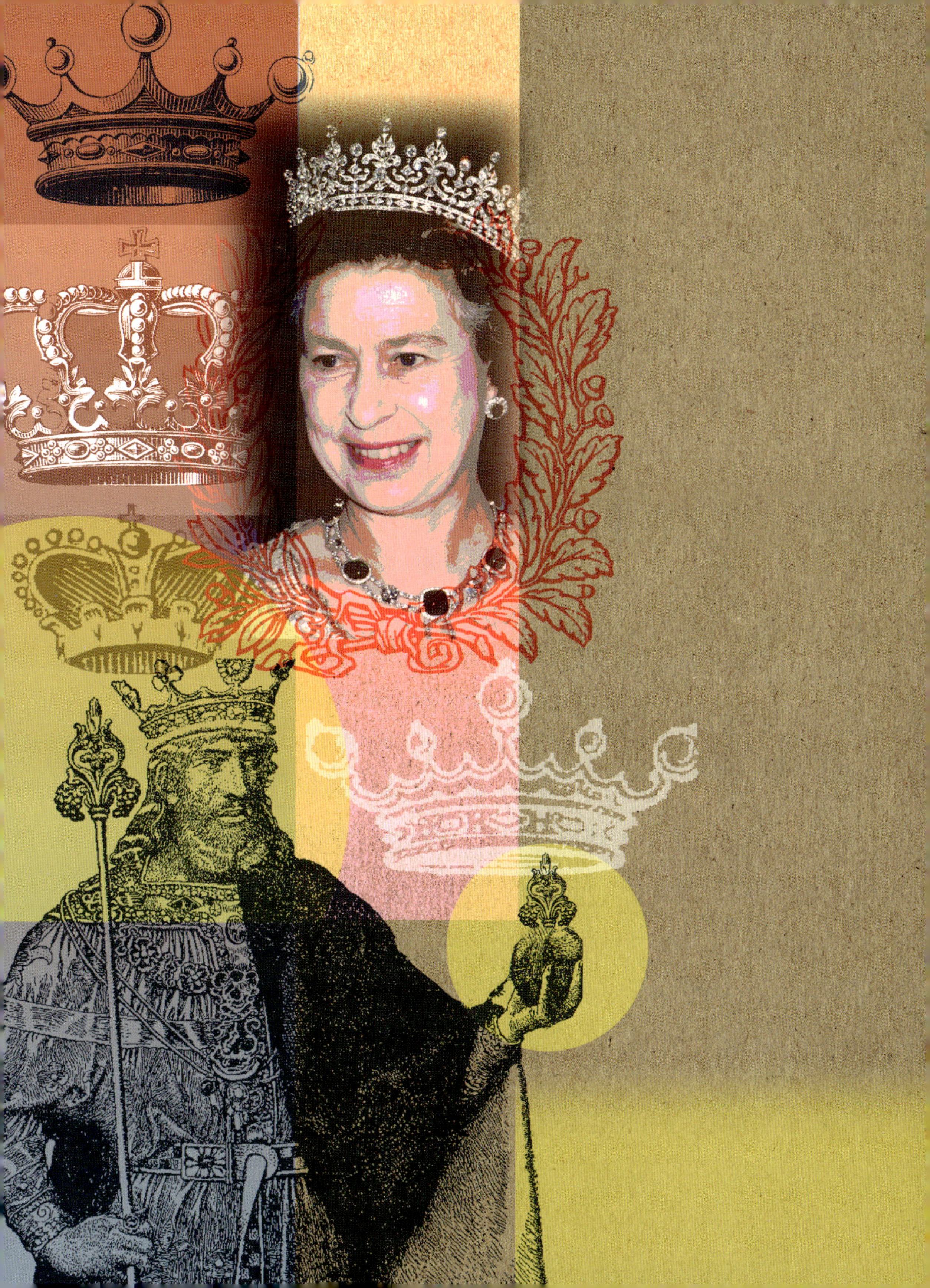

DESPOTISMO

O despotismo (ou tirania) ocorre quando uma nação ou país é governado por um *tirano* – um soberano que governa sem levar muito em conta o apoio popular ou os interesses do povo. Originalmente a palavra *turannos*, do grego antigo, não tinha um significado negativo vinculado a ela – porém, assim como aconteceu posteriormente com a palavra alemã *Führer*, bastou um mau governante para fazer com que um termo outrora neutro se tornasse *proibido*. A princípio, a palavra *turannos* significava apenas que o indivíduo não assumira o poder em conformidade com a lei; só mais tarde é que passou a incluir também o sentido mais moderno, de governo ditatorial. Ainda assim, a diferença entre um simples monarca e um tirano ou déspota muitas vezes é altamente subjetiva. O barão de Montesquieu argumentou, em *O espírito das leis*, escrito no século XVIII, que a diferença residia no fato de que, enquanto os atos de um rei podiam ser guiados pela lei e pela tradição, o governo de um tirano era arbitrário e caprichoso; não obstante, não foram poucos os monarcas (como Luís XIV, da França, e – pelo menos aos olhos do Parlamento britânico – Carlos I, da Inglaterra) que pareceram ter ultrapassado esse limite.

DOUTRINA
Sistema político no qual um governante frequentemente cruel e opressivo exerce um poder absoluto.

DISCURSO
No mundo moderno, os tiranos são geralmente chamados de ditadores ou déspotas. Eles muitas vezes reivindicam um fundamento legal ou moral para seu governo, na maioria das vezes – mas nem sempre – baseando-se numa ideologia totalitária ou autoritária, importada ou nativa, como o marxismo-leninismo, o socialismo árabe ou o fascismo. No entanto, nem todo Estado totalitário ou autoritário é de natureza despótica; alguns, como a China pós-Mao ou a União Soviética pós-Stálin, tiveram inúmeros líderes exercendo o poder de forma coletiva, como uma oligarquia.

TEMAS RELACIONADOS
MONARQUIA
p. 14
FASCISMO
p. 38
TOTALITARISMO
p. 44
PATRIMONIALISMO
p. 46

DADOS BIOGRÁFICOS
PISÍSTRATO
546-527/8 a.C.
Primeiro tirano de Atenas

KIM IL-SUNG
1912-1994
Ex-presidente da Coreia do Norte, criou um culto a sua personalidade

SADDAM HUSSEIN
1937-2006
Ex-presidente do Iraque

CITAÇÃO
Christopher N. Lawrence

"Onde termina a lei, começa a tirania."
JOHN LOCKE

Uma questão básica: quem governa?

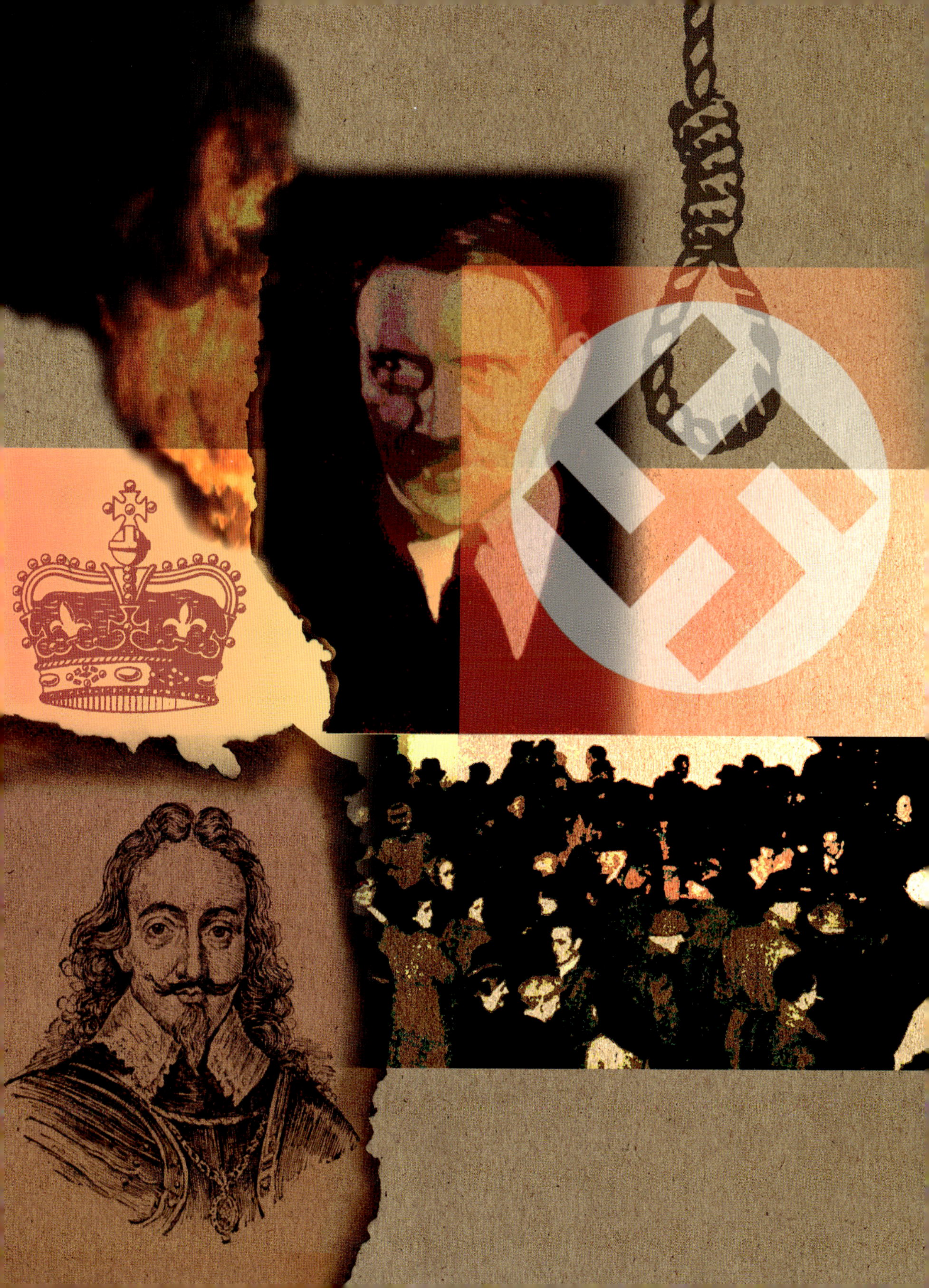

ARISTOCRACIA

Todo mundo já se viu naquela situação em que, assistindo ao noticiário noturno, coça a cabeça e se pergunta: "Como é que *essa* pessoa foi eleita? *Eu* me sairia melhor do que ela!". Podemos não perceber no momento, mas, em essência, esse julgamento é de natureza aristocrática. A aristocracia é o governo de poucos, e sua justificativa é que nem todos estão igualmente preparados para governar, sendo que a maioria das pessoas é totalmente incapaz de fazê-lo. Governar é um assunto extremamente complicado, que afeta a qualidade de vida de todos os cidadãos, e para ser bem-sucedido são necessárias inteligência, preparação e formação. A aristocracia, portanto, baseia-se no conceito de meritocracia, segundo o qual somente as pessoas mais inteligentes e virtuosas devem ter acesso às rédeas do poder. Como quase todo mundo concorda que alguns governantes são melhores que outros e que algumas pessoas são mais capazes que outras para governar, a resistência popular a aceitar a aristocracia tem origem menos no conceito que na prática. Praticamente desde a sua origem, na Grécia antiga, a aristocracia esteve entrelaçada com o governo das famílias ricas mais importantes, cujo poder e riqueza apoiavam-se em leis que quase sempre levavam à opulência, mas apenas ocasionalmente à justiça para o conjunto dos cidadãos.

DOUTRINA
Aristocracia significa governo "de poucos", sejam eles os melhores e mais brilhantes da nação, nobres ricos ou um grupo de famílias eminentes.

DISCURSO
Retórica e realidade nem sempre combinam. Rotular uma prática de aristocrática expõe quase sempre uma crítica, embora algumas das características das democracias modernas, como a eleição dos governantes (em que as campanhas promovem as qualidades dos candidatos) e a indicação de juízes vitalícios, na verdade importem elementos da aristocracia para dentro da prática democrática. A seleção de governantes por sorteio, mais democrática – por exemplo, a forma de escolher jurados nos EUA e na Grã-Bretanha –, é raramente usada em nível nacional.

● Uma questão básica: quem governa?

TEMAS RELACIONADOS
MONARQUIA
p. 14
OLIGARQUIA
p. 22
PATRIMONIALISMO
p. 46

DADOS BIOGRÁFICOS
PLATÃO
428-348 a.C.
Filósofo grego que defendia o governo dos sábios

ALEXIS DE TOCQUEVILLE
1805-1859
Aristocrata francês que fez observações perspicazes a respeito da democracia

CITAÇÃO
Michael E. Bailey

[Nas nações aristocráticas,] "a família representa a terra, e a terra a família, perpetuando seu nome, suas origens, sua glória, seu poder e sua virtude. Ela é uma testemunha imortal do passado e uma garantia preciosa do futuro."

ALEXIS DE TOCQUEVILLE

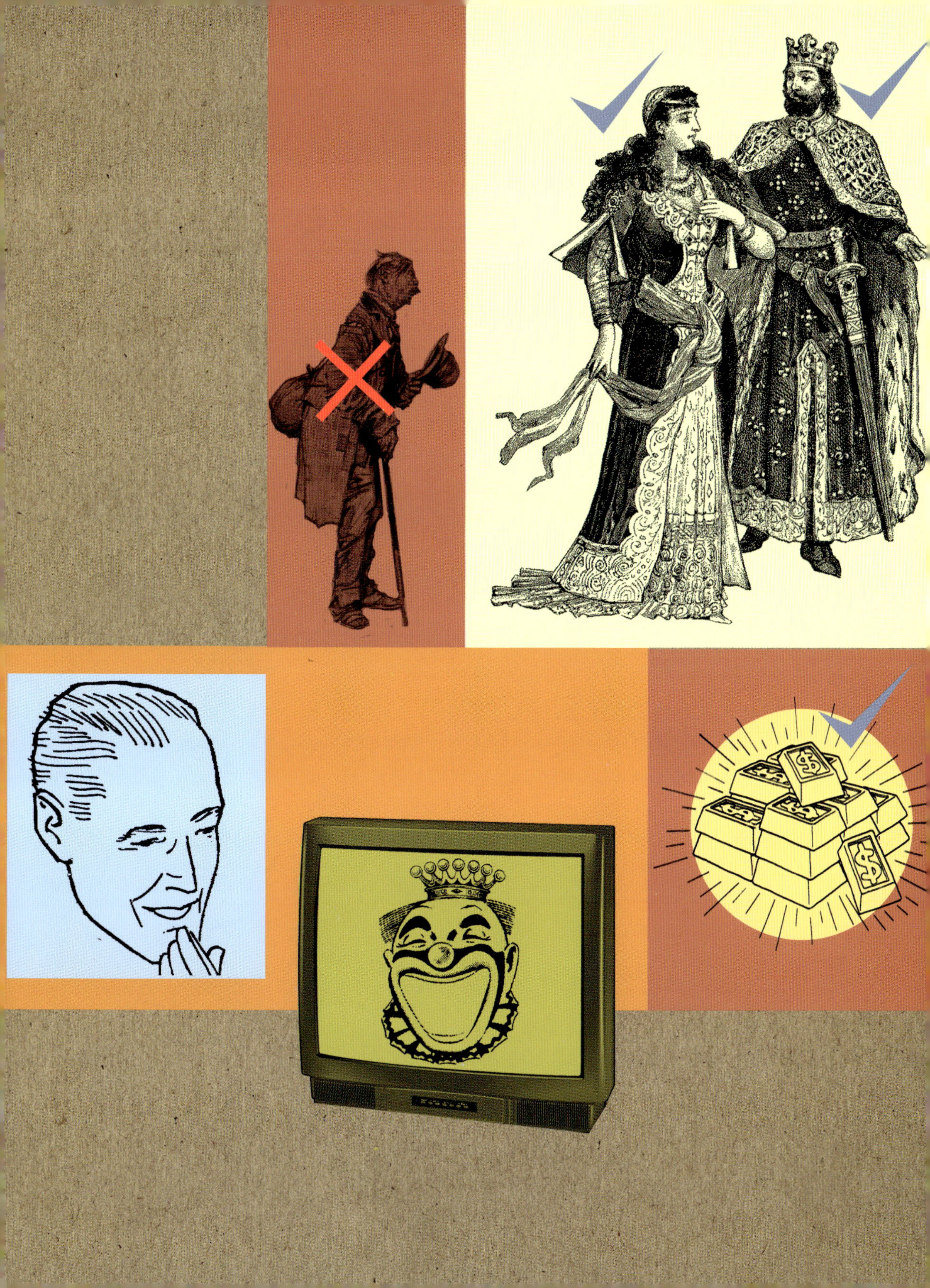

384 a.C.
Nasce em Estagira

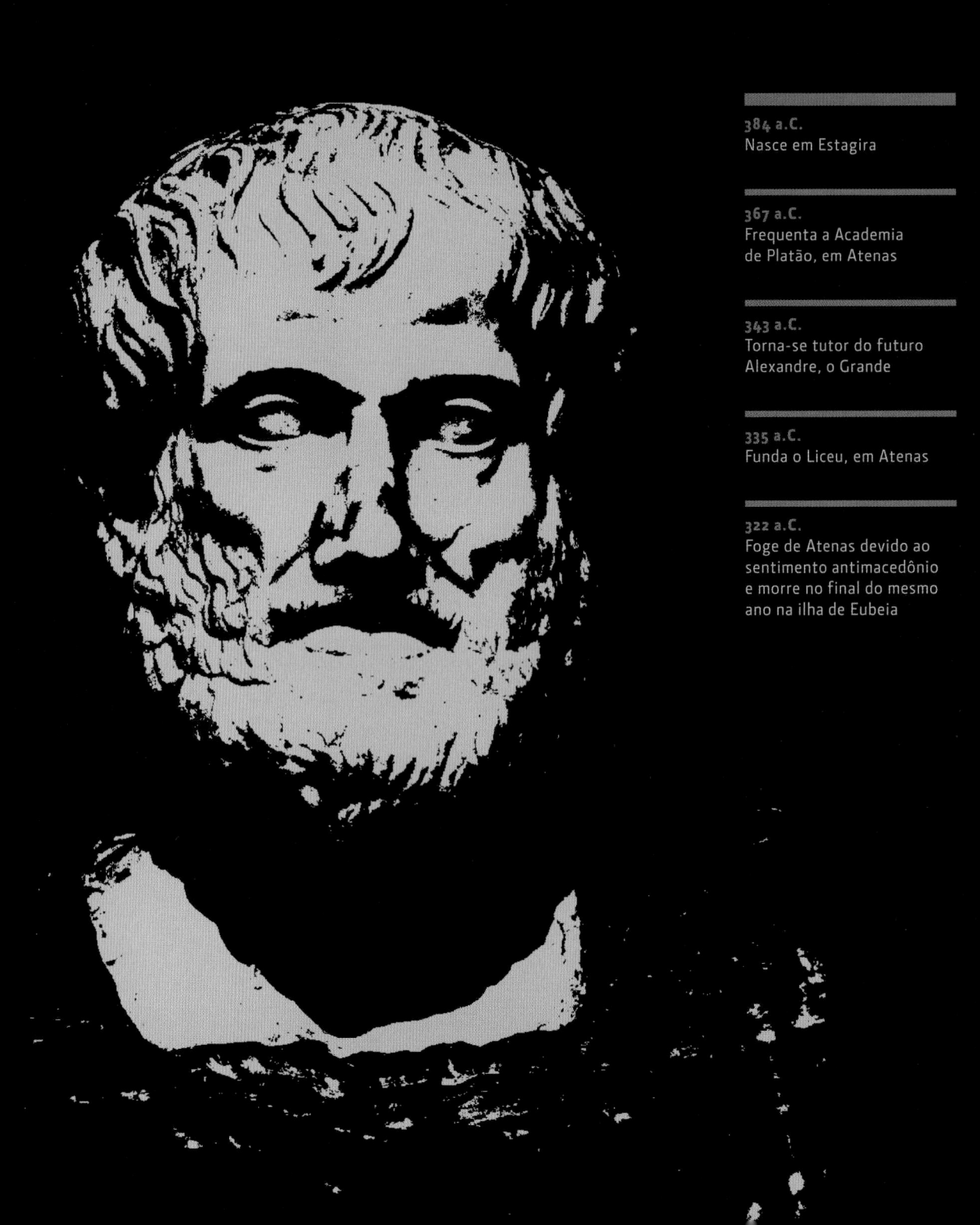

367 a.C.
Frequenta a Academia de Platão, em Atenas

343 a.C.
Torna-se tutor do futuro Alexandre, o Grande

335 a.C.
Funda o Liceu, em Atenas

322 a.C.
Foge de Atenas devido ao sentimento antimacedônio e morre no final do mesmo ano na ilha de Eubeia

ARISTÓTELES

"Ora, é evidente que a melhor forma de governo é aquela em que todo homem, seja quem for, possa agir da melhor maneira possível e viver feliz."

Isso poderia ter sido dito por Thomas Jefferson ou, quem sabe, por John Locke, iluministas, mas a citação foi tirada do tratado *Política*, de Aristóteles, revelando o impacto profundo que o antigo filósofo grego exerceu sobre a filosofia e a teoria política ocidental modernas.

Nascido em 384 a.C., Aristóteles pertencia a uma família de aristocratas. Aos 18 anos de idade ingressou na Academia de Platão, em Atenas, permanecendo ali pelos vinte anos seguintes. Por volta da época da morte de Platão, em 348 a.C., Aristóteles deixou Atenas e viajou pela Anatólia. Em 343 a.C., Filipe II da Macedônia o contratou como tutor de seu filho, o futuro Alexandre, o Grande.

Em 335 a.C., Aristóteles retornou a Atenas e fundou sua própria escola, o Liceu. Nos anos seguintes desenvolveu seus trabalhos mais influentes, entre eles tratados sobre ética, natureza, filosofia, poesia e política.

A *Política* de Aristóteles é composta de oito livros. Embora abranja vasto conjunto de conceitos políticos, talvez sua maior importância política hoje esteja na investigação acerca da responsabilidade do poder. No Livro IV, o filósofo avalia os prós e os contras de três "estruturas": a do "governo de um só", "de poucos" e "da maioria". Uma monarquia (um só), diz ele, pode ser bem-sucedida se o rei for virtuoso, porém descamba facilmente para a tirania se ele não for. Um Estado governado pela aristocracia (poucos) torna-se uma oligarquia quando cuida somente dos interesses dos ricos, ao passo que permitir a todos governarem (a maioria) resultará na inclusão das necessidades dos pobres e na exclusão das dos ricos. A conclusão de Aristóteles? A estrutura mais justa é uma "forma de governo" mesclada de ricos e pobres.

OLIGARQUIA

Oligarquia é quando uma elite

dirigente governa visando aos próprios interesses em vez dos interesses do conjunto da sociedade. Aristóteles desenvolveu esse conceito como uma das categorias das diferentes cidades-Estado. No sistema político oligárquico, o poder econômico e militar está baseado num pequeno grupo de indivíduos composto, literalmente, de famílias ou de grupos estreitamente ligados, com interesses mútuos permanentes. Como eles controlam a maior parte das riquezas, a distância entre ricos e pobres é grande, e a maioria da população tem pouca voz em termos políticos. A oligarquia é, por definição, antidemocrática, e, mesmo quando ocorrem eleições, não permite que elas desafiem o *status quo*. Quando ameaçada, ela reprime ou destrói qualquer força política responsável pela ameaça. Entre os exemplos modernos conhecidos está grande parte da América Central e do Caribe. Em países como Guatemala, Haiti ou Honduras, longos períodos históricos de governo das elites – que remontam até a colônia – renderam às oligarquias um firme controle da situação. Grandes famílias proprietárias de terra existem há gerações, e a estrutura de poder mudou muito pouco ao longo do tempo.

DOUTRINA
Oligarquia é um sistema político no qual uma pequena elite dirigente recolhe recursos de todos e distribui para os seus.

DISCURSO
Aristóteles afirmou que, embora também fosse um governo de poucos, a aristocracia não era oligárquica, porque governava visando ao bem comum. É também muito fácil que uma oligarquia seja patrimonialista, uma vez que esses poucos não diferenciam entre os seus interesses e os interesses do Estado.

TEMAS RELACIONADOS
ARISTOCRACIA
p. 18
AUTORITARISMO
p. 28
PATRIMONIALISMO
p. 46

DADOS BIOGRÁFICOS
PLATÃO
428-348 a.C.
Filósofo grego que definiu a oligarquia como o governo dos ricos

ARISTÓTELES
384-322 a.C.
pp. 20-1

GAETANO MOSCA
1858-1941
Teórico italiano que escreveu sobre o governo das elites

CITAÇÃO
Gregory Weeks

"A tirania de um príncipe numa oligarquia não é tão perigosa para o bem-estar da população como a apatia de um cidadão numa democracia."

MONTESQUIEU

Uma questão básica: quem governa?

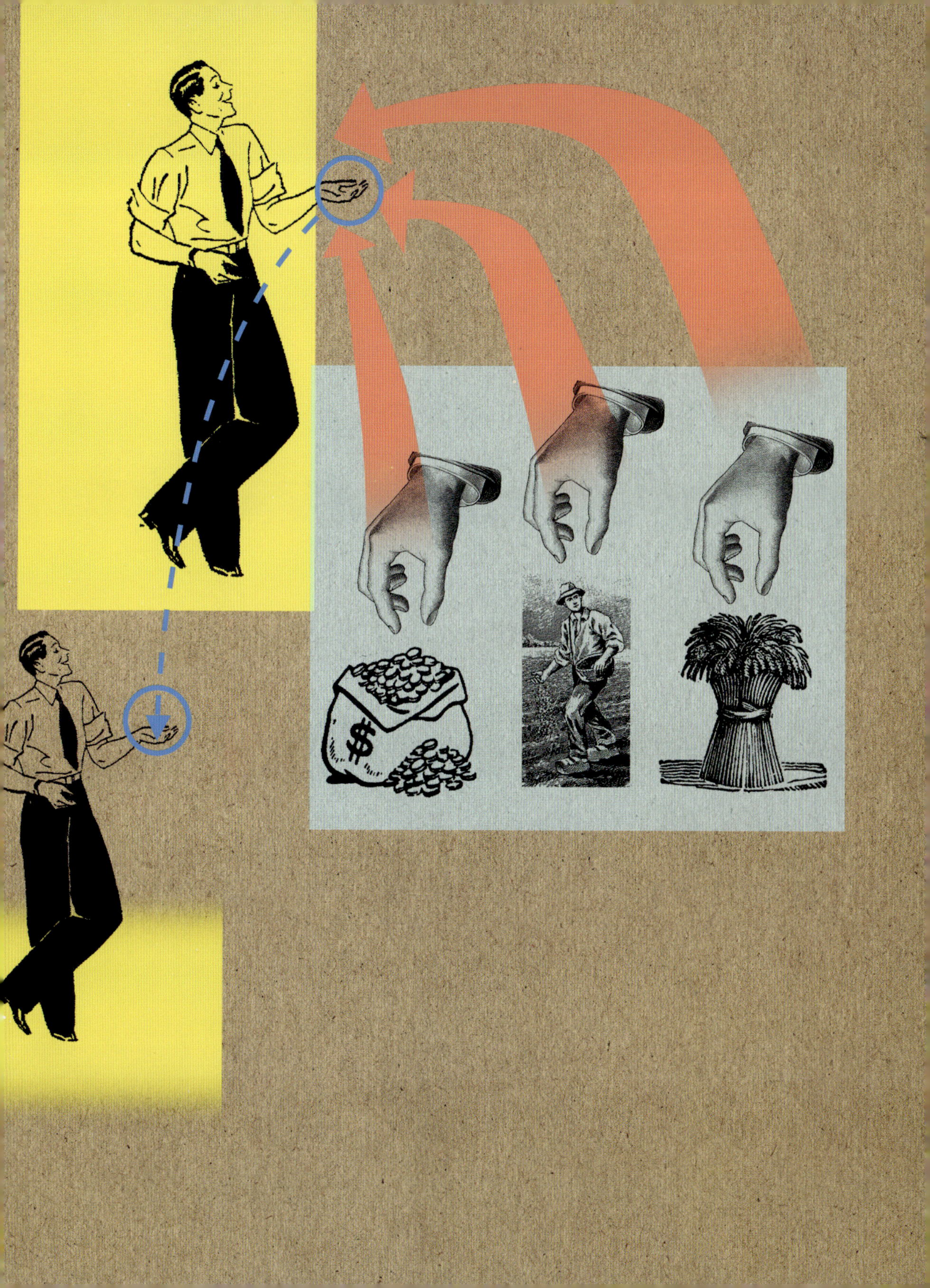

DEMOCRACIA

A democracia é, a um só tempo, um conceito simples e muito contestado. Naturalmente, todos gostamos da ideia de as pessoas se governarem, mas a pergunta é: como? Todas as pessoas deveriam governar diretamente ou deveriam eleger representantes para governar em seu nome? E, se a opção for a escolha de representantes, de que forma isso se daria? Falando nisso, quem são "as pessoas"? A palavra democracia tem origem em dois termos gregos: *demos* ("o povo") e *kratos* ("governar"). É um conceito bastante antigo e bastante atual. Platão e Aristóteles discutiram a democracia, e ambos a consideravam um tipo problemático de governo, no qual os pobres usariam sua vantagem numérica para acabar com os ricos. A democracia como forma de governo viável só passou a existir na virada do século XVIII para o XIX, e só alcançou a maturidade plena no século XX, quando o direito ao voto universal para todos os cidadãos, independentemente de raça, gênero ou renda, tornou-se a regra. A democracia moderna existe ao fazer com que o poder emane do povo, o qual, por sua vez, delega esse poder a representantes eleitos. A democracia tornou-se a forma predominante de governo no mundo, embora a qualidade precisa de qualquer democracia específica seja muitas vezes objeto de discussão.

DOUTRINA
A democracia é o governo do povo, pelo povo e para o povo.

DISCURSO
Alguns países, como os Estados Unidos ou a França, são repúblicas, não democracias. É verdade, de fato, que esses países não contam com uma democracia direta em que todos participam do governo, nem a maioria sempre consegue o que quer. A república é, basicamente, um governo sem rei, com o poder emanando do povo. James Madison usou o termo "república" em *Ensaios federalistas*, referindo-se a um sistema com representantes eleitos. Os termos são em grande medida sinônimos no jargão moderno. No entanto, alguns países que se intitulam "repúblicas" não permitem que a população tenha voz no governo.

Uma questão básica: quem governa?

TEMAS RELACIONADOS
DEMOCRACIA REPRESENTATIVA
p. 58
LIBERALISMO CLÁSSICO
p. 64
SOCIAL-DEMOCRACIA
p. 74
DEMOCRACIA PARLAMENTARISTA
p. 92

DADOS BIOGRÁFICOS
JOHN STUART MILL
1806-1873
Principal autor sobre temas relacionados à liberdade e à representação

ROBERT DAHL
1915-2014
Importante analista da democracia do século XX

LARRY DIAMOND
1954-
Pesquisador atuante e essencial da democracia em todo o mundo

CITAÇÃO
Steven L. Taylor

"A democracia é o único sistema que continua perguntando aos poderes existentes se eles são os poderes que deveriam existir."
WINSTON CHURCHILL

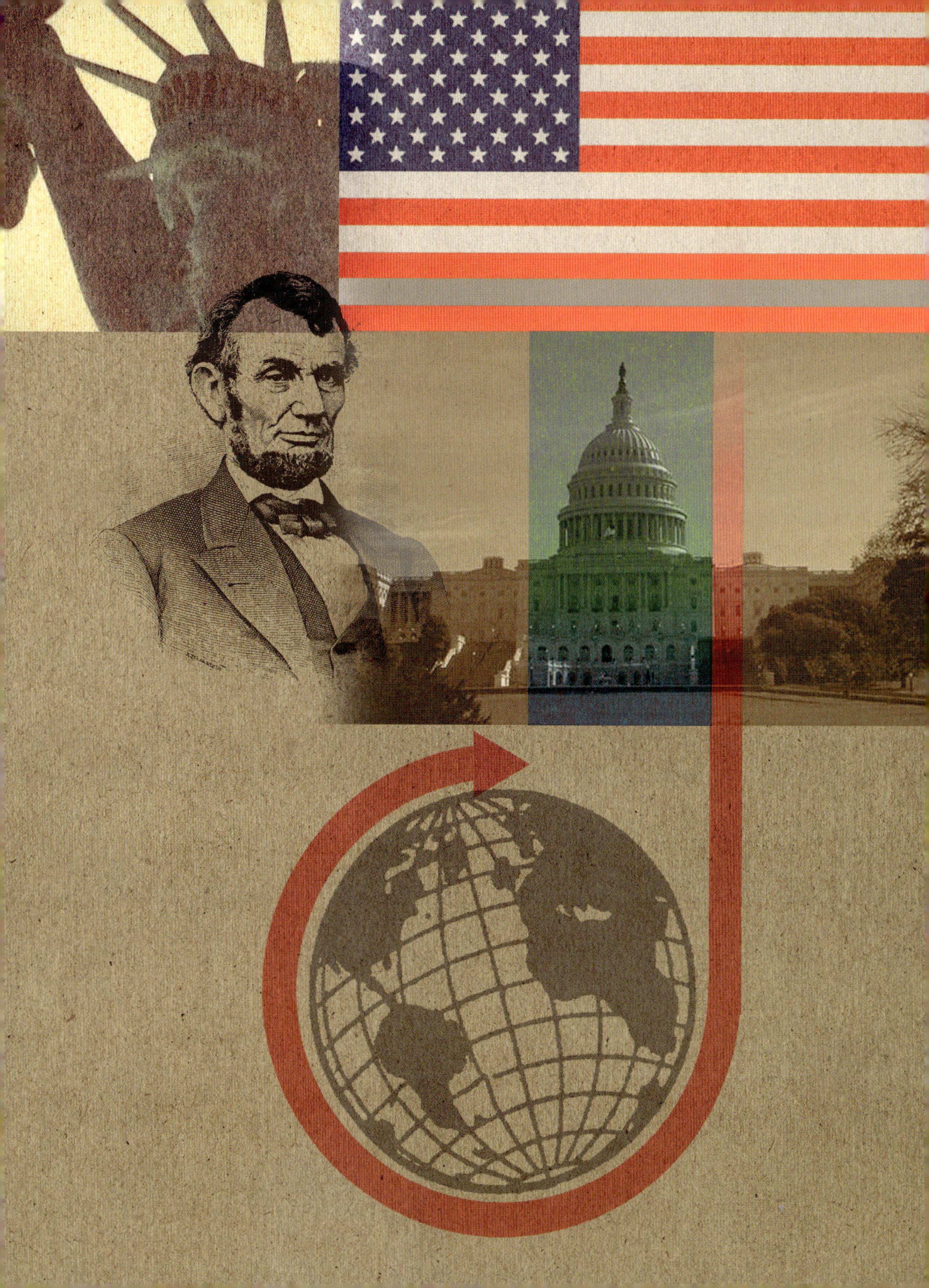

SOBERANIA POPULAR

A soberania popular baseia-se na ideia de que todos os poderes políticos legítimos derivam do povo que é governado, em vez de uma fonte divina ou externa. O conceito de soberania popular está ligado ao de um "contrato social" entre o povo e o governo, tal como foi expresso nos textos dos filósofos iluministas Thomas Hobbes, John Locke e Jean-Jacques Rousseau – no qual o povo concorda em ser governado em troca da proteção, por parte dos governantes, de sua segurança pessoal, liberdade e propriedade. No caso de os governantes abusarem de seus poderes, então o povo teria o direito de se rebelar. Teoricamente, qualquer forma de governo em que o dirigente ou a elite dirigente governe visando ao interesse do povo, e com o seu consentimento, refletiria a soberania popular; mesmo uma ditadura absolutista poderia, teoricamente, governar de forma benevolente – esse conceito tem sido às vezes chamado de "despotismo esclarecido" ou "ditadura benevolente". No entanto, hoje a noção de soberania popular está associada com mais força à democracia representativa e ao governo constitucional, que em geral asseguram por meio do voto a aprovação popular para aqueles que governam.

DOUTRINA
Com a soberania popular, o poder vem dos governados, não dos governantes.

DISCURSO
A maioria dos governos contemporâneos alega que sua legitimidade deriva do apoio popular, ainda que não existam procedimentos adequados que garantam à população um controle significativo dos governantes. Por exemplo, muitas das ditaduras militares da América Latina no século XX e a ditadura similar e contemporânea em Mianmar alegam que seus governos defendem os interesses da cidadania, sendo exercidos em seu nome.

TEMAS RELACIONADOS
DEMOCRACIA
p. 24
ANARQUISMO
p. 56
MAJORITARIANISMO
p. 60
SOCIAL-DEMOCRACIA
p. 74

DADOS BIOGRÁFICOS
JOÃO I DA INGLATERRA
1199-1216
Assinou a Magna Carta, que reconheceu limites ao poder real
THOMAS JEFFERSON
1743-1826
Autor da *Declaração de Independência dos Estados Unidos da América*

CITAÇÃO
Christopher N. Lawrence

"Os governos devem se adaptar à natureza dos governados; devem, até mesmo, ser um resultado dessa natureza."
GIOVANNI BATTISTA VICO

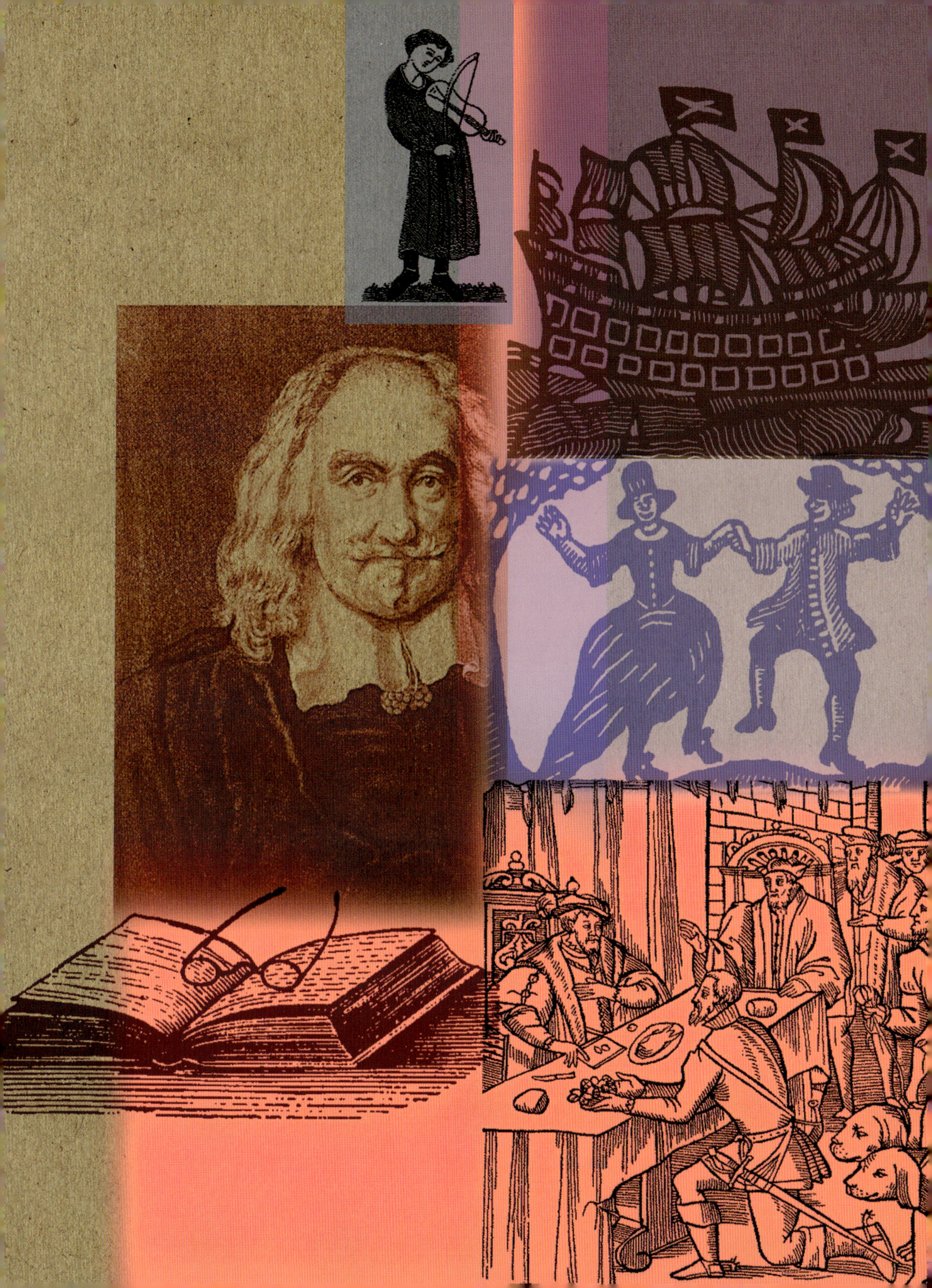

AUTORITARISMO

DOUTRINA
Autoritarismo é o governo de um ou de poucos.

DISCURSO
Embora se costume associar o autoritarismo aos exemplos mais extremos (como a Alemanha de Hitler), é importante lembrar que existe um amplo espectro de tipos de governo autoritário, e nem todos são extremos. Tampouco devemos imaginar que o simples fato de haver eleições faz do país em questão uma democracia. Por exemplo, havia eleições em lugares como a União Soviética, a Cuba de Fidel Castro e o Iraque de Saddam Hussein.

O autoritarismo é uma categoria ampla que abrange qualquer governo em que o poder supremo para tomar decisões relacionadas à sociedade está investido em uma pessoa específica ou em uma classe ou grupo privilegiado. Nesse caso, as pessoas que decidem dispõem do poder porque pertencem a uma família específica (como nas aristocracias ou monarquias), ao clero (como numa teocracia) ou a algum outro agente de poder específico (como as Forças Armadas ou a classe dos proprietários de terra). Alguns governos autoritários exercem um controle brutal sobre a população, enquanto outros podem assumir uma aparência democrática ao permitir que grupos políticos se formem sem, porém, ter qualquer poder de fato; podem até realizar eleições fraudulentas (cujo resultado favorece sempre o poder governante). Em termos básicos, para saber se um regime é autoritário ou não é preciso considerar se aqueles que governam levam em conta a vontade e os interesses dos cidadãos, tal como definidos pelos próprios cidadãos. Em outras palavras: as massas são capazes de responsabilizar as elites governantes pelas decisões tomadas por elas ou essas elites podem, no final das contas, ignorar as massas? Quando aqueles que governam não prestam contas ao povo que governam, o regime é autoritário.

TEMAS RELACIONADOS
GOVERNO DE PARTIDO ÚNICO
p. 36
FASCISMO
p. 38
TOTALITARISMO
p. 44
TEOCRACIA
p. 50

DADOS BIOGRÁFICOS
HANNAH ARENDT
1906-1975
Filósofa política que se especializou no estudo do totalitarismo

JUAN J. LINZ
1926-2013
Teórico político e autor de *Totalitarian and Authoritarian Regimes* [Regimes totalitários e autoritários]

CITAÇÃO
Steven L. Taylor

"Assim como a virtude é necessária numa república, e a honra numa monarquia, o medo é necessário num governo despótico."
MONTESQUIEU

Uma questão básica: quem governa?

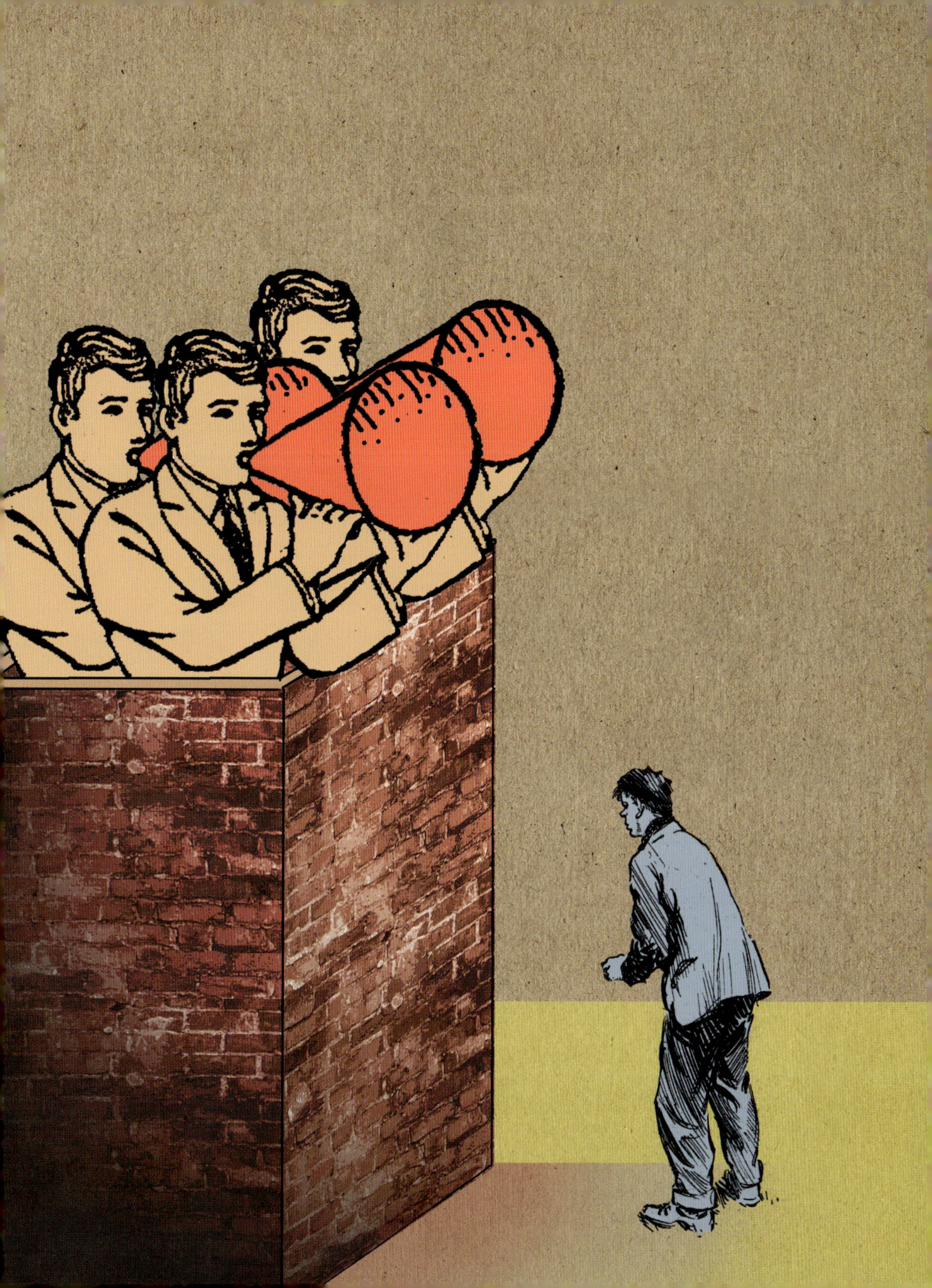

CONFLITO DE CLASSE

Conflito de classe (ou luta de classe) é a teoria, geralmente associada ao pensamento marxista ou comunista, segundo a qual uma sociedade industrial capitalista conduz inevitavelmente a um embate entre o proletariado – a classe trabalhadora cujo trabalho é responsável pela produção de bens e que recebe um salário por seu trabalho – e a burguesia – as classes médias e altas detentoras do capital ou meios de produção e que lucram com seu uso ao produzir bens. Karl Marx e Friedrich Engels argumentaram, no *Manifesto comunista* e em outros textos, que o proletariado não recebia a parte justa dos lucros extraídos de seu trabalho – em outras palavras, a *burguesia* pagava aos trabalhadores apenas uma fração do verdadeiro valor de seu trabalho, embolsando a diferença. Marx e Engels acreditavam que essa relação econômica correspondia a uma forma de exploração e que, em vez disso, o proletariado deveria ser dono dos meios de produção – com isso colhendo os lucros e eliminando o intermediário. Para que isso acontecesse na prática seria preciso haver uma mudança revolucionária no Estado e na sociedade, a fim de expropriar a burguesia de suas propriedades e assegurar que o Estado não interferisse para proteger essas posses do confisco pelos trabalhadores.

DOUTRINA
O conflito de classe ocorre quando aqueles que fazem todo o trabalho se revoltam contra os que possuem os meios de produção.

DISCURSO
O conflito de classe existe sob inúmeras formas – das experiências em grande medida malogradas de implementar o marxismo (em suas diversas formas) na Europa Central e do Leste, em Cuba e no Sudeste Asiático às tentativas mais moderadas de criar economias mistas. Mesmo em países mais associados ao capitalismo como os EUA, o direito dos trabalhadores de se organizar para defender seus interesses – e, portanto, de institucionalizar o conflito de classe – está protegido pela lei, embora a força relativa dos sindicatos de trabalhadores nas sociedades capitalistas mais desenvolvidas tenha declinado desde a Segunda Guerra Mundial.

TEMAS RELACIONADOS
COMUNISMO
p. 102
MARXISMO
p. 104
LENINISMO
p. 108

DADOS BIOGRÁFICOS
KARL MARX
1818-1883
Coautor do *Manifesto comunista*

FRIEDRICH ENGELS
1820-1895
pp. 106-7

THOMAS MÜNTZER
1488-1525
Teólogo da Reforma e um dos líderes da Guerra dos Camponeses

CITAÇÃO
Christopher N. Lawrence

"Que a diferença revoltante entre ricos e pobres desapareça de uma vez por todas..."
FRANÇOIS NOËL BABEUF

Uma questão básica: quem governa?

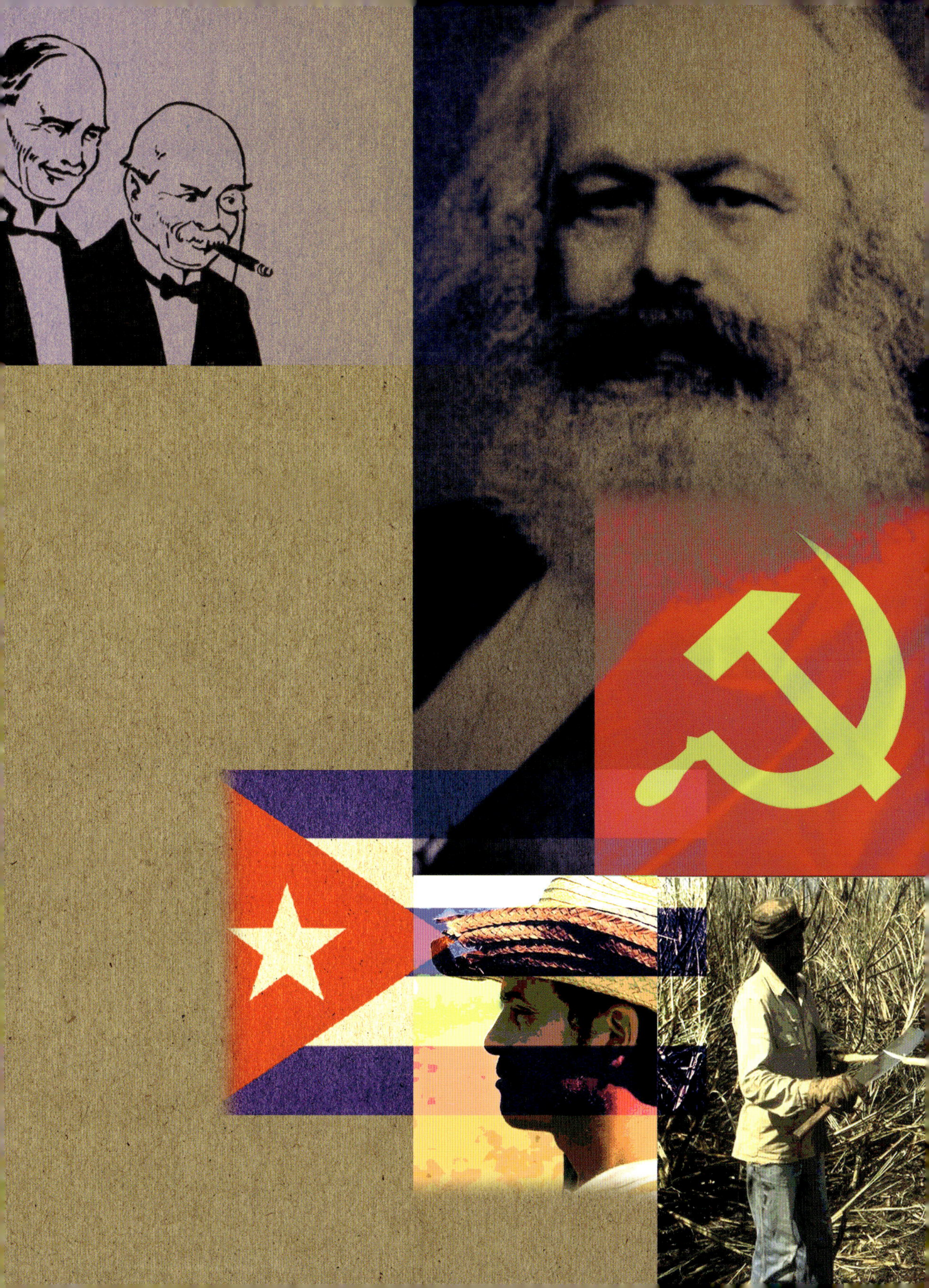

GOVERNO DE POUCOS

GOVERNO DE POUCOS
GLOSSÁRIO

anexação Incorporação de um Estado ou território, geralmente menor, por um Estado ou território existente, frequentemente com o uso da ameaça ou da força. Em seguida, o anexador procura legitimar sua soberania por meio de instituições internacionais.

Anschluss Anexação da Áustria pela Alemanha nazista em 1938. Apesar da ação violar o Tratado de Versalhes, a Grã-Bretanha e a França aceitaram a unificação apenas com uma leve objeção.

arianos Originalmente um termo etnolinguístico empregado para definir os povos que falam uma das línguas indo-europeias, foi sequestrado pelo Partido Nazista para se referir a uma "raça superior" de povos cujos ancestrais provinham especificamente do norte da Europa. Foi uma forma de diferenciar os povos "arianos" dos povos "semitas".

autocracia Forma de governo em que uma única pessoa detém um poder sem controle e ilimitado. Atualmente o termo é sinônimo de despotismo, tirania ou ditadura.

clientelismo Prática social e/ou política em que pessoas ricas com ambição política e indivíduos poderosos ("benfeitores") asseguram que os recursos públicos – na forma, por exemplo, de infraestrutura rodoviária ou contratos de construção – sejam direcionados para um setor da população ("clientes") em troca de apoio, que pode assumir a forma de votos ou participação em comícios políticos.

direito divino dos reis Crença política e religiosa que afirmava que os monarcas recebem o direito de governar diretamente de Deus, e que só precisam prestar contas a Ele. Fortalecendo o absolutismo real, a doutrina foi extremamente influente na Inglaterra e na França durante os séculos XVI e XVII, declinando, porém, após a Revolução Gloriosa (1688) na Inglaterra e as revoluções Francesa e Americana do final do século XVIII.

fasces Símbolo de autoridade legal que data da República romana. Compunha-se de um feixe de varas compridas amarradas formando um cilindro, geralmente tendo no meio das varas um machado de cabo longo cuja lâmina se projetava do topo ou de um dos lados. Mussolini utilizou tanto o símbolo como a palavra *fasces* quando organizou um movimento fascista na Itália, em 1914.

hegemonia Ascendência política e/ou cultural de um grupo, Estado ou comunidade sobre outros, geralmente por meio da superioridade econômica, tecnológica ou militar, mas também acompanhada muitas vezes de tratados comerciais conjuntos. O teórico marxista italiano Antonio Gramsci utilizou o termo para descrever a ascendência de uma classe sobre outra, a tal ponto que a classe subordinada aceita a ordem mundial da dominante como "natural".

Mandato dos Céus Filosofia política e social chinesa que data do advento da dinastia Zhou (c. 1050 a.C.). Semelhante ao "direito divino dos reis" europeu, o Mandato dos Céus assegurava que os governantes tinham o direito de governar com aprovação divina. No entanto, o direito de governar só era divinamente assegurado se o governante governasse bem – se uma dinastia caísse, supunha-se que o direito de governar havia sido retirado devido ao mau governo.

neonazismo Termo utilizado para definir qualquer movimento de extrema direita que compartilhe de alguns dos valores políticos da Alemanha nazista. Embora a maioria dos grupos neonazistas esteja restrita à Europa – com o antissemitismo, a xenofobia e o nacionalismo estridente como temas recorrentes –, também existem grupos neonazistas em outras regiões do mundo.

politizar Ato de transformar um tema não político em um tema político. Temas científicos importantes como o aquecimento global ou questões morais e sociais como o aborto ou a legalização de certos entorpecentes são tão universais e polarizadores que os políticos se sentem forçados a dar uma opinião ou se pede, especificamente, que o façam. O termo também se aplica a indivíduos ou grupos motivados ou estimulados a pensar de uma forma política.

potências do Eixo Coalizão liderada por Alemanha, Itália (na Europa) e Japão (no Pacífico) durante a Segunda Guerra Mundial, em oposição às forças Aliadas lideradas por Estados Unidos, União Soviética e Grã-Bretanha.

propaganda Comunicação que é usada para promover os interesses de uma visão política ou de um grupo político. A informação, que pode ser transmitida por meio de jornais, folhetos, programas de TV ou de rádio, ou ainda pela internet, normalmente é tendenciosa ou até mesmo inventada.

sultanismo Forma de autocracia na qual o governante exerce um poder absoluto. O termo tem origem na palavra "sultão", um soberano muçulmano.

Terceiro Reich Nome dado à Alemanha por Hitler e pelos nazistas, da tomada do poder até o final da Segunda Guerra Mundial. *Reich* em alemão significa "império", e o Terceiro Reich de Hitler seguiu-se ao Primeiro Reich do Sacro Império Romano-Germânico (962-1806) e ao Segundo Reich, a Alemanha Imperial unificada por Bismarck (1871-1918).

GOVERNO DE PARTIDO ÚNICO

DOUTRINA
Sistema de governo no qual apenas um único partido político é convidado para a festa.

DISCURSO
Não devemos confundir sistemas de partido único com sistemas de partido dominante, no qual um partido é hegemônico mas permite que outros existam e – até um certo ponto – concorram. O México entre 1929 e 2000 é um exemplo, como o Zimbábue dos dias de hoje. Embora sejam menos rígidos, não são democráticos.

O governo de partido único é um sistema político no qual só é permitida a participação de apenas um partido, ou no qual regras eleitorais restritivas tornam praticamente impossível que qualquer outra agremiação faça parte do processo. O partido controla a máquina do governo e utiliza recursos públicos para assegurar o consentimento por meio da força, mas também por meio da propaganda e do oferecimento de vantagens através de redes clientelistas. Embora sejam claramente não democráticos, tais sistemas podem durar bastante, pois, diferentemente de uma ditadura personalista, existe uma estrutura burocrática em funcionamento que faz uma mediação melhor entre os governantes e os governados. As ditaduras comunistas constituem os exemplos contemporâneos mais evidentes; nelas, o Partido Comunista é uma organização de elite que não permite nenhuma concorrência política. É importante observar, no entanto, que esses sistemas podem ocorrer em qualquer área do espectro ideológico. O relacionamento entre os ditadores e o partido também pode variar; em alguns casos o partido exerce enorme influência (União Soviética), enquanto em outros o líder é quem detém o poder (Cuba). Mesmo neste último caso, contudo, o partido desempenha um papel fundamental como intermediário das demandas dos governados e dos ditames do governante.

TEMAS RELACIONADOS
AUTORITARISMO
p. 28
COMUNISMO
p. 102

DADOS BIOGRÁFICOS
ROBERT MUGABE
1924-
Presidente do Zimbábue

KIM JONG-IL
1941-2011
Ex-líder da Coreia do Norte

CITAÇÃO
Geoffrey Weeks

"O exercício do poder sobre os outros é intrinsecamente destrutivo tanto para quem exerce o poder como para aqueles sobre os quais o poder é exercido."

GEORGE D. HERRON

1982
1995
2011

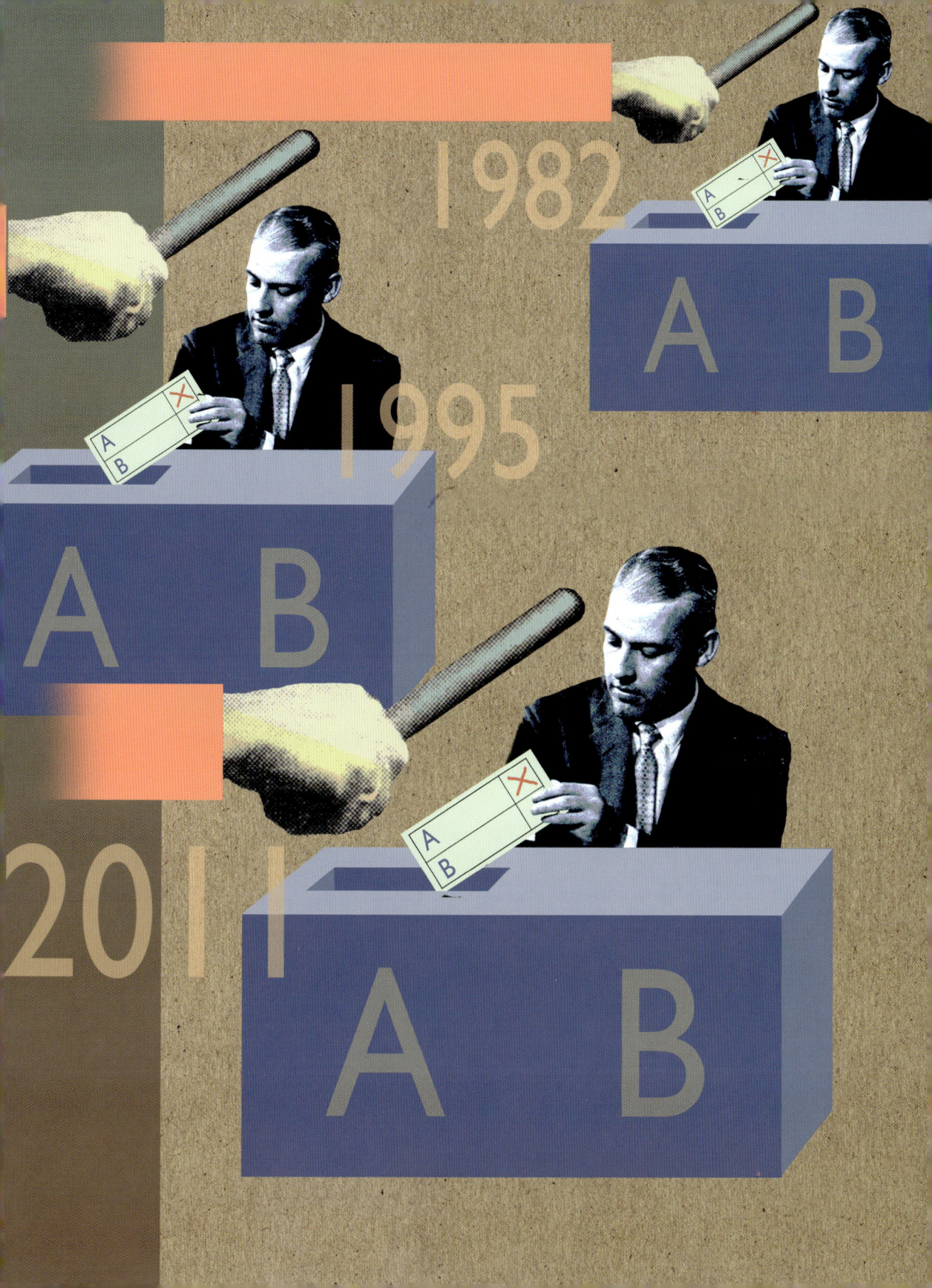

FASCISMO

O fascismo é uma filosofia

de governo nacionalista, radical e totalitária cujas origens se encontram na Itália de Benito Mussolini, surgindo também sob formas diferentes na Alemanha de Adolf Hitler e na Espanha de Francisco Franco. Trata-se de um tipo de regime intolerante, na medida em que nega a importância e os direitos do indivíduo e espera que os cidadãos atuem juntos de forma corporativa para a glória do Estado. Pode-se definir o fascismo tanto em relação àquilo a que ele se opõe como àquilo que ele apoia: é antimoderno, antirracional, antidemocrático e veementemente anticomunista. O fascismo também é militarista e defende uma política externa imperialista e expansionista. O uso de símbolos militares para ressaltar a importância e o poder do Estado é um elemento comum dos governos fascistas. A origem do nome fascismo, cunhado por Benito Mussolini, eram os *fasces* – um símbolo romano que consistia em um feixe de varas de madeira unidas à lâmina de um machado. Mussolini adotou esse símbolo porque ele lembrava a glória e o poder da Roma antiga e pela semelhança entre a palavra *fasces* e o termo italiano que designa feixe ou grupo (*fascio*) – assim, enfatizava a noção de poder e força na unidade.

DOUTRINA
No fascismo, o Estado é tudo; consequentemente, o indivíduo não é nada.

DISCURSO
Falta ao fascismo a base filosófica e teórica sólida das outras ideologias às quais ele se opõe. Com a derrota das potências do Eixo na Segunda Guerra Mundial, o fascismo enquanto modelo viável de governo praticamente desapareceu do mundo. Nos dias de hoje o termo normalmente é empregado como um insulto político ou uma advertência a respeito de uma política ou de um grupo específicos (às vezes de forma correta, mas frequentemente de maneira muito vaga e imprecisa).

TEMAS RELACIONADOS
AUTORITARISMO
p. 28
NAZISMO
p. 42
TOTALITARISMO
p. 44

DADOS BIOGRÁFICOS
GIOVANNI GENTILE
1875-1944
Teórico político

BENITO MUSSOLINI
1883-1945
pp. 40-1

ADOLF HITLER
1889-1945
Ditador alemão

FRANCISCO FRANCO
1892-1975
Ditador espanhol

CITAÇÃO
Steven L. Taylor

"A bem da verdade, o fascismo deveria ser chamado de corporativismo, pois representa a fusão do poder da corporação e do poder do governo."
BENITO MUSSOLINI

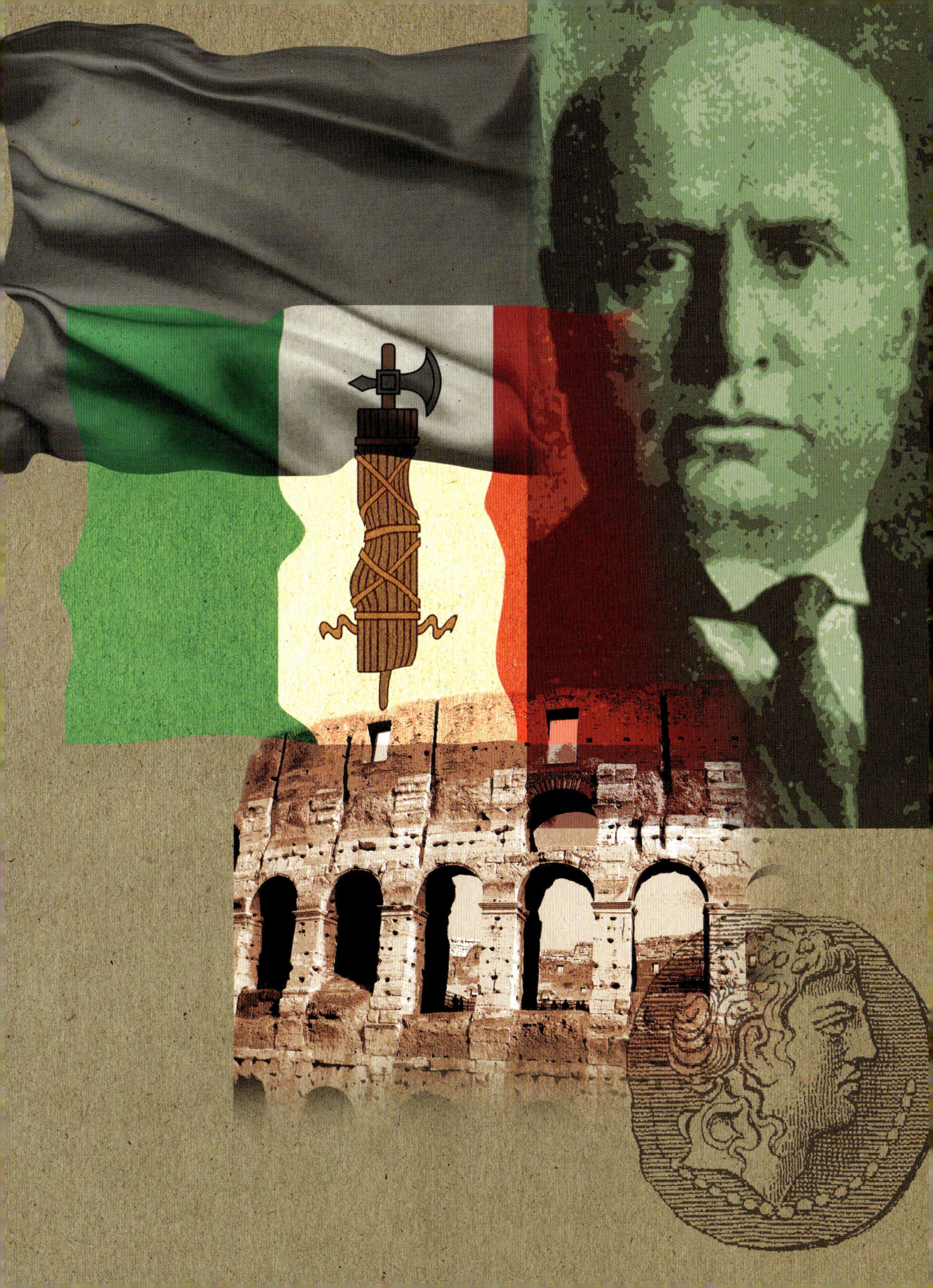

1883
Nasce em Forli, Itália

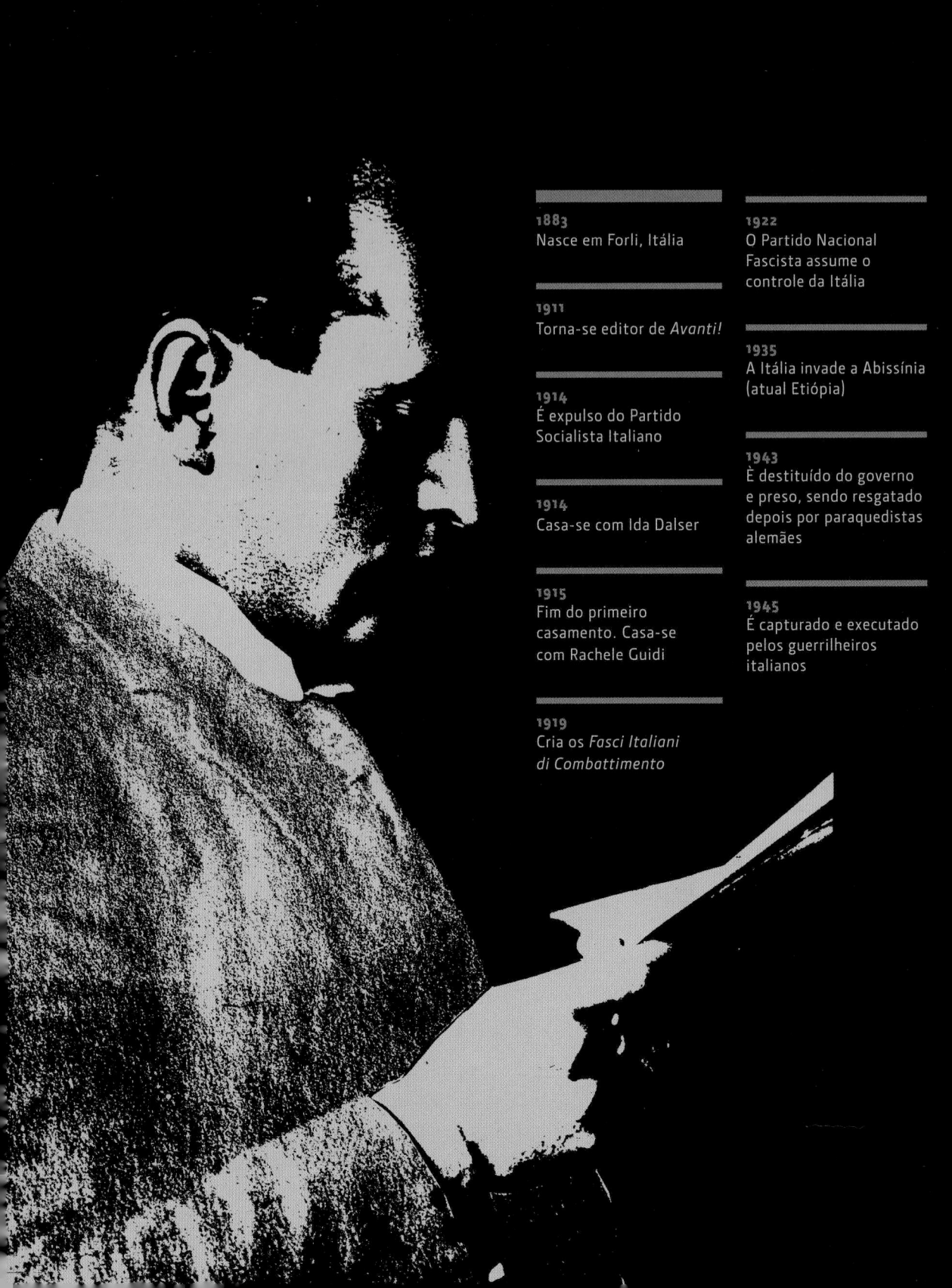

1911
Torna-se editor de *Avanti!*

1914
É expulso do Partido Socialista Italiano

1914
Casa-se com Ida Dalser

1915
Fim do primeiro casamento. Casa-se com Rachele Guidi

1919
Cria os *Fasci Italiani di Combattimento*

1922
O Partido Nacional Fascista assume o controle da Itália

1935
A Itália invade a Abissínia (atual Etiópia)

1943
È destituído do governo e preso, sendo resgatado depois por paraquedistas alemães

1945
É capturado e executado pelos guerrilheiros italianos

BENITO MUSSOLINI

Para muitas pessoas, o símbolo principal do fascismo é a suástica da Alemanha nazista; na verdade, porém, o fascismo surgiu na Itália, e o homem responsável por ele foi Benito Mussolini.

Mussolini nasceu em 1883. Seu pai era ferreiro, socialista e nacionalista ferrenho. Quando tinha vinte e poucos anos, Mussolini participou ativamente do movimento socialista italiano, editando e contribuindo com periódicos socialistas; em 1911 tornou-se editor do jornal *Avanti!*, do Partido Socialista, sobressaindo nessa função.

A eclosão da Primeira Guerra Mundial foi decisiva para Mussolini. Embora inicialmente se opusesse ao conflito, mais tarde passou a defendê-lo de forma veemente. Ele via na guerra uma oportunidade para que a Itália se impusesse na Europa. No entanto, como o Partido Socialista era contrário à intervenção italiana, Mussolini foi expulso da agremiação em 1914. Durante a guerra, denunciou que o socialismo havia traído a Itália, e em 1919 organizou os *Fasci Italiani di Combattimento* (Pelotões Italianos de Combate).

O fascismo de Mussolini, com sua poderosa mensagem nacionalista e suas políticas econômicas corporativistas da "terceira via", ganhou amplo apoio em todas as classes.

Em 1922, com a anuência tácita do rei, o Partido Nacional Fascista assumiu o controle. Uma vez no poder, Mussolini usou a propaganda e a repressão violenta para promover os interesses do partido, banindo todas as agremiações de oposição e implantando, basicamente, uma ditadura. Apesar da postura violenta, Mussolini era popular, e seu programa de obras públicas experimentava um apoio generalizado.

Mussolini nunca teve um relacionamento fácil com Hitler. O ramo nazista do fascismo, com seu antissemitismo e suas conotações eugênicas, não agradava ao ditador italiano, muito embora ele tenha introduzido uma legislação antissemita. A aliança com a Alemanha na Segunda Guerra Mundial era pragmática e oportunista – Mussolini acreditava que Hitler ganharia a guerra e promoveria os interesses do Império Italiano. Após o êxito inicial, em 1942 as forças do Eixo encontravam-se em retirada, e em 1943 Mussolini, então já muito impopular em seu país, foi retirado do governo e preso. Depois de ter sido resgatado e usado como figura decorativa em um novo regime fascista, ele foi capturado e executado pelos guerrilheiros italianos em 1945.

NAZISMO

Uma variante do fascismo,

o nazismo era uma ideologia totalitária que misturava o nacionalismo extremado com o racismo e o expansionismo militar. A palavra "nazista" tem origem na abreviação de Partido Nacional-Socialista dos Trabalhadores Alemães (*Nationalsozialistische Deutsche Arbeiterpartei*), que era o partido de Adolf Hitler quando ele foi indicado como chanceler em 1933. Uma vez no poder, os nazistas governaram a Alemanha como um Estado totalitário de partido único. A ideologia nazista era autoritária, antissemita, antimarxista e estridentemente nacionalista. Um elemento fundamental do nazismo de Hitler era a ideia de que o povo germânico deveria se unir num único império (o *Reich*). A primeira iniciativa importante nesse sentido foi a anexação (*Anschluss*) da Áustria, em 1938. No ano seguinte, vieram a incorporação de regiões da Tchecoslováquia, como resultado do Acordo de Munique (baseado na lógica de que a numerosa população de residentes de etnia germânica deveria se unir à Alemanha), e a invasão da Polônia, que marcou o início da Segunda Guerra Mundial. O nazismo, quando desconectado do nacionalismo alemão, é em grande parte uma ideologia de supremacia racial com elementos combativos, mas sem uma filosofia coerente (muitas vezes referida como neonazismo). Como um regime viável, acabou junto com o Terceiro Reich de Hitler. O nazismo na Alemanha foi fortemente ligado ao culto que surgiu em torno do ditador.

DOUTRINA
O nazismo é igual a fascismo mais antissemitismo violento e combativo nacionalismo pan-germânico.

DISCURSO
Em seu livro *Mein Kampf* (Minha luta), Hitler dividiu a espécie humana em três grupos: os criadores da cultura (os arianos), os destruidores da cultura (judeus, ciganos, homossexuais e diversos outros grupos) e os transmissores da cultura (todos os outros). Sua teoria da raça levou-o a acreditar que os arianos devem governar e que os judeus (e os outros que ele considerava sub-humanos) devem ser eliminados.

TEMAS RELACIONADOS
AUTORITARISMO
p. 28
FASCISMO
p. 38
TOTALITARISMO
p. 44

DADOS BIOGRÁFICOS
FRIEDRICH NIETZSCHE
1844-1900
Filósofo alemão cuja obra, segundo alguns, teria servido de inspiração ao nazismo

BENITO MUSSOLINI
1883-1945
pp. 40-1

MARTIN HEIDEGGER
1889-1976
Filósofo alemão simpatizante do Partido Nazista

CITAÇÃO
Steven L. Taylor

"O poder é a lei suprema."
ADOLF HITLER

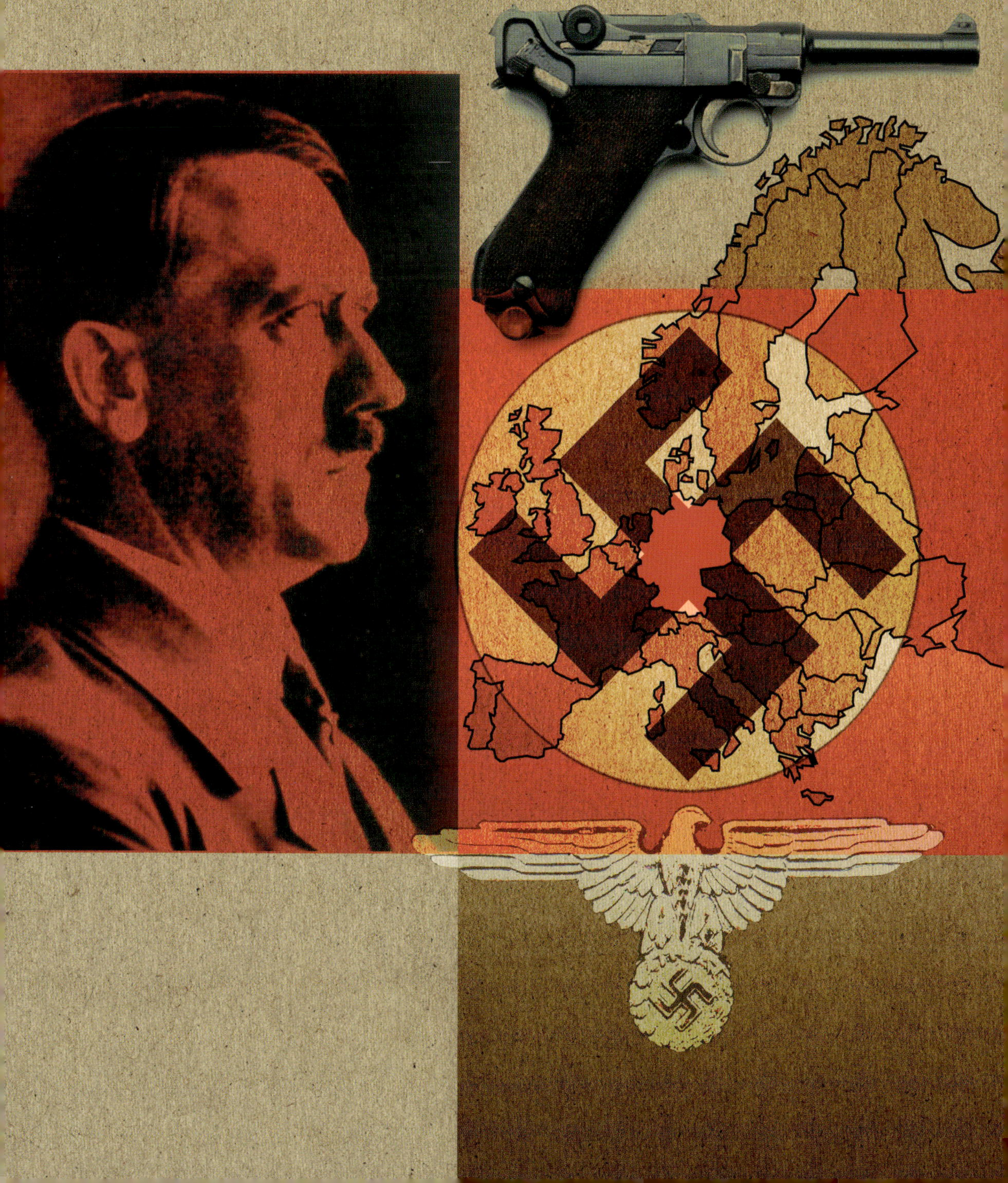

TOTALITARISMO

O sistema totalitário é um tipo de ditadura no qual a elite governante exerce o poder não apenas no que se refere aos aspectos políticos da vida dos cidadãos, mas também no que diz respeito a sua vida privada. Embora o termo tenha sido empregado inicialmente para descrever o fascismo nos anos 1920, hoje ele é mais comumente associado aos sistemas comunistas. O Estado monitora as ações de todos para garantir que – pelo menos em teoria – cada membro da sociedade funcione como parte de um todo orgânico controlado pela autoridade central, sem que se permita qualquer oposição ou concorrência política. O Estado impõe um controle rígido a todas as organizações, associações e grupos, chegando a determinar onde as pessoas devem morar ou para onde podem viajar. Esse sistema também se caracteriza por demonstrações simbólicas de unidade, com desfiles, cerimônias e outras manifestações públicas de apoio. Em consequência disso, toda a sociedade fica politizada, e não é possível deixar claros os limites entre o Estado e os cidadãos. Como argumentou a teórica política Hannah Arendt, o Estado destrói todos os interesses concorrentes e procura dominar os indivíduos a partir de dentro. O exemplo contemporâneo que mais bem ilustra o totalitarismo é a Coreia do Norte, em que níveis exagerados de segurança associados a uma propaganda eficaz e à impossibilidade de contato com o mundo exterior proporcionam ao Estado um controle quase que absoluto da população.

DOUTRINA
Tipo de governo que tenta controlar tudo – da alta política até os próprios pensamentos dos cidadãos.

DISCURSO
Por causa da globalização e do amplo acesso à tecnologia, o totalitarismo encontra cada vez mais dificuldade para se manter, e seu poder às vezes perde aos poucos o vigor. Isso pode significar que tais ditaduras se tornam autoritárias – a vida política é controlada mas a vida privada não, desde que não se torne política. O termo "pós-totalitário" designa os países que passaram por uma transição que os afastou do totalitarismo.

TEMAS RELACIONADOS
DESPOTISMO
p. 16
AUTORITARISMO
p. 28
FASCISMO
p. 38

DADOS BIOGRÁFICOS
HANNAH ARENDT
1906-1975
Teórica política que se especializou no estudo do totalitarismo

KIM IL-SUNG
1912-1994
Criador do sistema político totalitário norte-coreano

JUAN J. LINZ
1926-2013
Cientista político conhecido por sua obra sobre o autoritarismo

CITAÇÃO
Geoffrey Weeks

"O totalitarismo descobriu uma forma de dominar e aterrorizar os seres humanos de dentro para fora."
HANNAH ARENDT

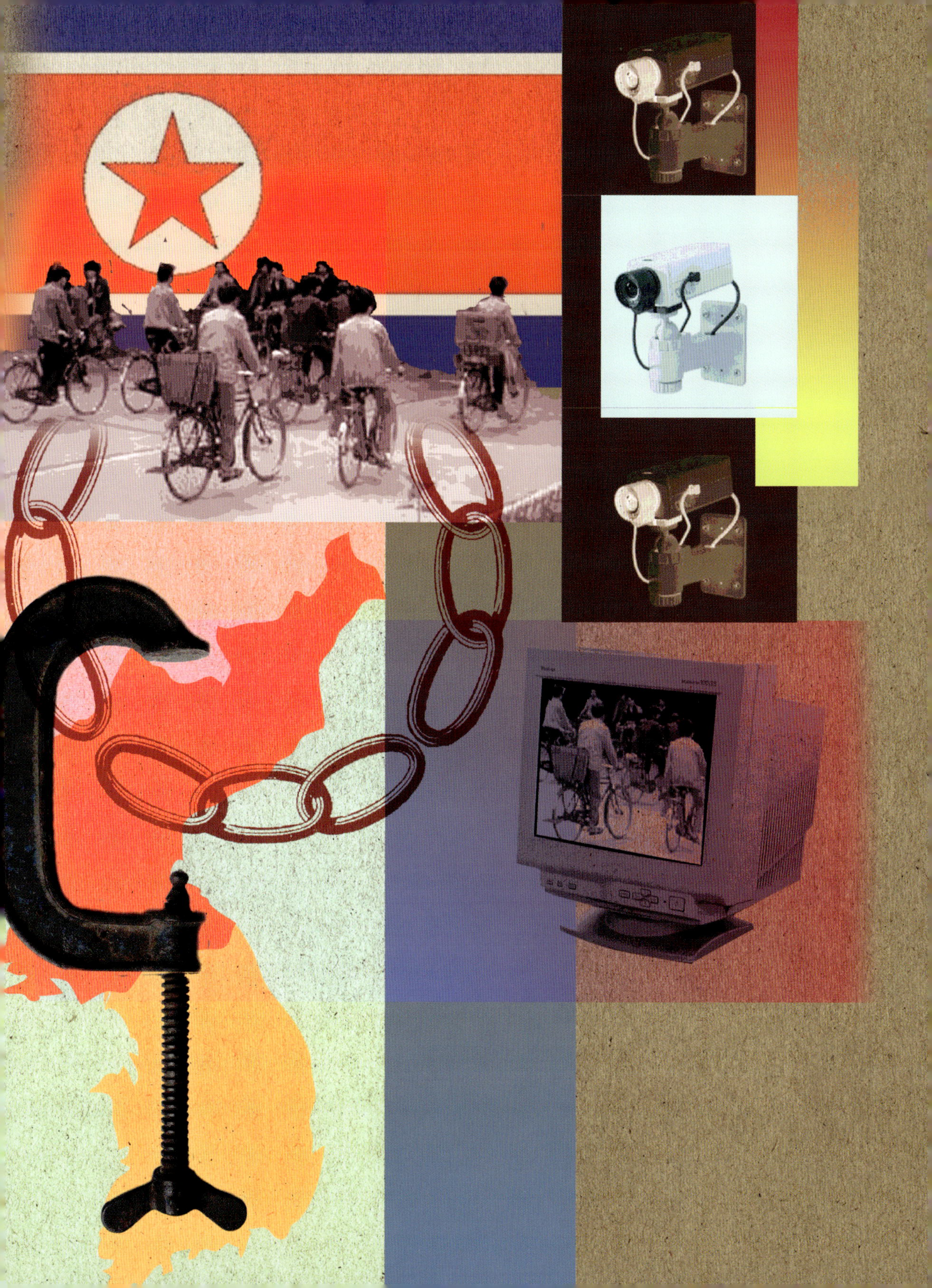

PATRIMONIALISMO

Patrimonialismo é o modo de governar um país no qual existe pouca ou nenhuma distinção entre os interesses privados do governante e o interesse público – em outras palavras, o "privado" e o "público" são uma única coisa. Quando os governantes controlam todos os recursos do Estado, eles conseguem utilizá-los de acordo com seus próprios caprichos. Por definição, esse é um esquema não democrático e autocrático. Trata-se de uma versão extrema de "clientelismo", que se refere a uma relação "patrão-cliente" entre governante e governados, com os recursos fluindo de cima para baixo e o apoio político de baixo para cima. O termo patrimonialismo foi cunhado por Max Weber, que analisou as decisões arbitrárias tomadas por membros da realeza cujo comportamento sofria pouca ou nenhuma restrição. Ele concentrou sua análise no início da Europa moderna – do final do século XV ao final do século XVIII. Membros da família, em vez das burocracias, tomam todas as decisões compulsórias. Todos os funcionários do governo dependem inteiramente do seu relacionamento pessoal com os governantes, que utilizam a força que for necessária para impor o consentimento. Isso, por sua vez, leva à instabilidade, porque a única forma de realizar a mudança é derrubando os governantes.

DOUTRINA
Às vezes aqueles que governam continuam a ampliar seu poder até que seus interesses e os interesses do Estado sejam uma coisa única.

DISCURSO
Max Weber referiu-se às versões extremas de patrimonialismo como "sultanismo". Uma versão atualizada do conceito inclui o neopatrimonialismo, que se refere aos sistemas políticos contemporâneos que, embora não sendo monarquias, revelam as características do patrimonialismo tradicional. Exemplos de sistemas neopatrimonialistas podem ser encontrados na África, na América do Sul e no Oriente Médio.

TEMAS RELACIONADOS
OLIGARQUIA
p. 22
AUTORITARISMO
p. 28

DADOS BIOGRÁFICOS
FRANÇOIS "PAPA DOC" DUVALIER
1907-1971
Ditador sultanista do Haiti

ANASTASIO SOMOZA GARCÍA
1896-1956
Implantou uma dinastia sultanista na Nicarágua

MAX WEBER
1864-1920
Influente sociólogo e economista político alemão

CITAÇÃO
Gregory Weeks

"De fato, você ganhou a eleição, mas eu ganhei a apuração."

ANASTASIO SOMOZA GARCÍA

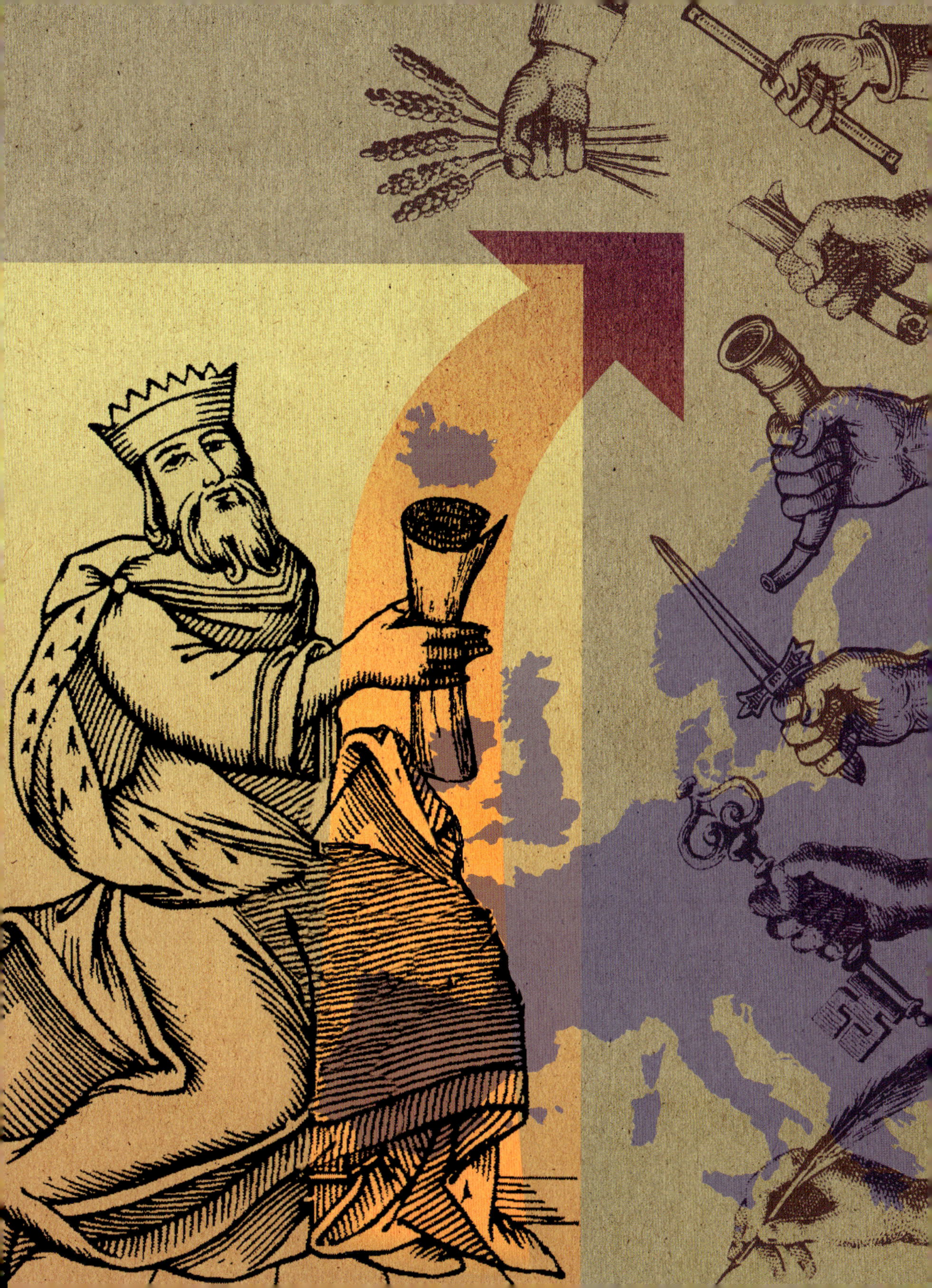

PRETORIANISMO

O pretorianismo geralmente se refere ao governo dos militares, mas também pode significar uma forte influência deles na política. O termo data da Guarda Pretoriana do Império Romano, um grupo de soldados encarregado de proteger os líderes políticos. Com o passar do tempo, a Guarda tornou-se cada vez mais autônoma, assassinando imperadores e conduzindo outros ao poder. No contexto atual, pretorianismo reflete uma situação na qual as Forças Armadas estão politizadas, tornando-se frequentemente árbitros políticos e, por vezes, assumindo totalmente o controle do sistema político e governando diretamente. Os líderes militares consideram-se intrinsecamente mais capazes que os civis tanto nos assuntos militares como nos políticos. O fenômeno está claramente associado a compromissos débeis das elites com a democracia, a instituições políticas frágeis, a polarização ideológica, a laços da elite política com os líderes militares e a uma sensação generalizada de que os militares têm legitimidade para governar. O papel dominante dos militares vai aos poucos se enraizando, e eles passam a ser atores políticos fundamentais, em particular nos períodos de crise política ou econômica. No Paquistão de hoje, por exemplo, o exército paira sobre o sistema político, e os líderes políticos precisam se assegurar de que contam com o apoio militar se não quiserem ser derrubados. Um exemplo ainda mais impressionante é o da Bolívia, onde ocorreram inacreditáveis 193 golpes de Estado desde a independência, em 1825.

DOUTRINA
Os militares acreditam que, muitas vezes, eles sabem governar o país melhor que os civis.

DISCURSO
O pretorianismo é mais evidente no mundo em desenvolvimento, sendo citado com maior frequência em regiões como América Latina, Sudeste Asiático e África Subsaariana. Em muitos países, os militares eram a instituição política mais forte no momento da independência; portanto, eles continuaram a mediar os conflitos políticos civis bem depois do período pós-independência.

TEMAS RELACIONADOS
DESPOTISMO
p. 16
AUTORITARISMO
p. 28

DADOS BIOGRÁFICOS
AUGUSTO PINOCHET
1915-2006
Ex-ditador militar do Chile
SAMUEL P. HUNTINGTON
1927-2008
Autor de *O soldado e o Estado*
PERVEZ MUSHARRAF
1943-
Ex-comandante do exército e presidente do Paquistão

CITAÇÃO
Gregory Weeks
"Às vezes a democracia precisa tomar um banho de sangue."
AUGUSTO PINOCHET

89 | 90 | 91 | 92 | 93

TEOCRACIA

Teocracia é o governo de Deus, seja de maneira direta ou por meio de uma representação terrena em forma de sacerdotes. Não é a mesma coisa que uma religião de Estado, que funciona paralelamente ao governo político. A teocracia implica que o poder de governar provém de Deus e que quem quer que esteja no governo é um canal das leis e orientações de Deus. Em alguns casos, a mesma hierarquia administra tanto os assuntos religiosos como os assuntos políticos do país. Em outros, existem dois sistemas, mas o secular submete-se ao religioso. A maioria dos exemplos de teocracia encontra-se no passado. Os israelitas dos tempos bíblicos viviam numa teocracia em que eram governados pela lei mosaica, que fora entregue diretamente por Deus a Moisés; e o antigo islã era dirigido por Maomé, um receptor da lei transmitida por Alá. Os papas do Renascimento uniam seu papel de vigário de Deus com um imenso poder secular. Na Europa medieval, e até a época de Cromwell na Inglaterra, predominou o "direito divino dos reis"; pensava-se que estes recebiam o direito de governar unicamente de Deus e que, portanto, só tinham de prestar contas a Ele. Antigos imperadores chineses governaram sob o Mandato dos Céus, que podia ser retirado se o soberano se mostrasse excessivamente despótico, sendo, nesse caso, transferido a um candidato mais digno.

DOUTRINA
Se Deus é por nós, quem será contra nós?

DISCURSO
O termo "teocracia" foi inventado por Josefo (38--100 d.C.) especificamente para definir a antiga Constituição hebraica baseada no conceito de que as leis de Deus foram entregues a Moisés entalhadas em tábuas de pedra. Embora seu significado literal, "governo de Deus", pareça fácil de entender, a mistura do secular e do sagrado em termos da prática atual precisaria de um livro do tamanho da Bíblia para discutir suas implicações.

TEMAS RELACIONADOS
MONARQUIA
p. 14
OLIGARQUIA
p. 22
AUTORITARISMO
p. 28

DADOS BIOGRÁFICOS
ALI HOSSEINI KHAMENEI
1939-
Líder supremo da República Islâmica do Irã

PAPA FRANCISCO
1936-
Chefe de Estado, Cidade do Vaticano

MULÁ MOHAMMED OMAR
1962-2013
Líder do Talibã, governante do Afeganistão de 1996 a 2001

CITAÇÃO
Steven L. Taylor

"A teocracia sempre foi sinônimo de uma tirania sombria e mesquinha, se não feroz e manchada de sangue."

WILLIAM ARCHER

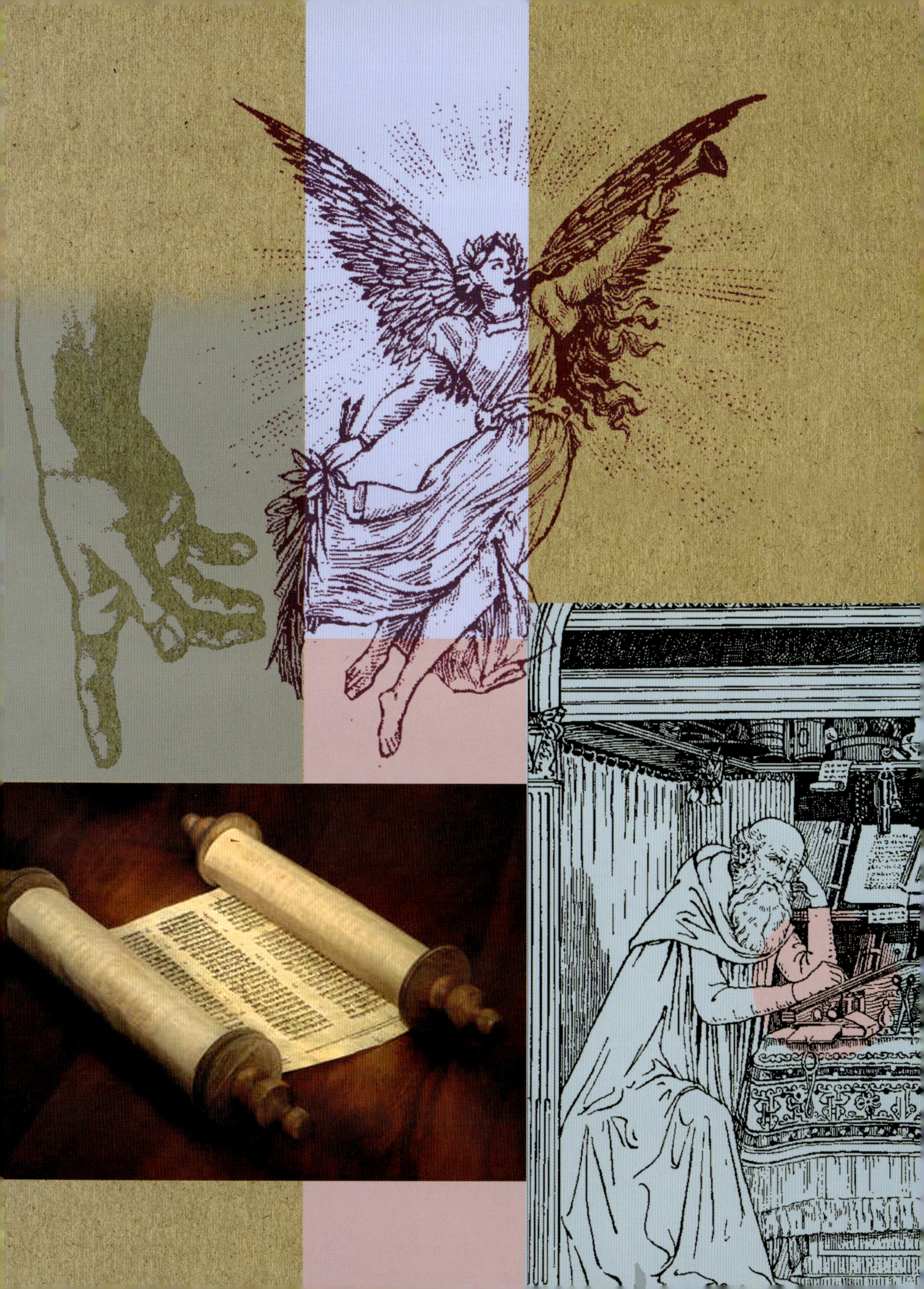

GOVERNO DA MAIORIA

GOVERNO DA MAIORIA
GLOSSÁRIO

coalizão Na democracia parlamentarista, um governo que é composto por dois ou mais partidos políticos. Se um partido não consegue formar maioria no parlamento, a aprovação das leis transforma-se numa questão aleatória; portanto, geralmente o partido com o maior número de representantes eleitos une-se a outro a fim de formar um governo majoritário de coalizão.

economia mista Termo utilizado para descrever uma economia em que existem elementos desregulados e regulados. A maioria dos países desenvolvidos, embora almeje alcançar o livre mercado em termos da livre circulação de bens, da força de trabalho e assim por diante, inclui alguma forma de intervenção governamental, seja por meio de subsídios a determinados setores da economia, seja pelos investimentos em programas sociais.

facção majoritária Expressão usada por James Madison no volume 10 de *O federalista*, na qual ele externou sua preocupação de que o governo da maioria levaria à destruição dos direitos das facções e dos indivíduos mais fracos. Madison argumentava que uma república abrangente (querendo com isso dizer uma democracia representativa nacional) protegeria os direitos das minorias.

laissez-faire ("deixai fazer", em francês) Termo econômico utilizado para descrever um mercado livre da intervenção do governo. A frase data do final do século XVII, mas foi escolhida e popularizada pelos economistas clássicos em meados do século XIX. Ver também *livre mercado*.

Legislativo Corpo governamental responsável por criar a legislação de um Estado ou de uma nação. Legislação é um conjunto de leis ou decretos que influenciam praticamente todos os aspectos da vida diária, da definição de crime à saúde e à segurança, do serviço escolar ao aumento de impostos. Nos Estados Unidos o corpo legislativo é o Congresso; na Grã-Bretanha e na maioria dos países europeus, é o Parlamento.

liberdade de expressão Conceito de que as pessoas têm o direito de dizer o que quiser sem medo de represália. Na prática o termo também implica que as pessoas têm o direito de publicar ou transmitir de forma escrita ou falada qualquer coisa que queiram por qualquer meio disponível, como jornais, rádio, televisão e internet. Na obra *Sobre a liberdade*, John Stuart Mill defendeu que a liberdade de expressão só deveria ser suspensa "para evitar prejuízo aos outros". Essa advertência provocou um número incalculável de discussões sobre os direitos dos indivíduos.

liberdade positiva Conceito associado ao liberalismo no século XX; promove um governo mais proativo, que implemente políticas e ataque problemas socioeconômicos visando ajudar as pessoas a alcançar a autossuficiência e a autorrealização.

livre mercado Economia de mercado em que não existe interferência do governo na forma de regulação ou de subsídio. No livre mercado o preço é determinado unicamente pela lei da oferta e da procura.

paternalismo Sistema político em que o governo interfere nos direitos dos indivíduos contra a sua vontade sob o pretexto de protegê-los ou beneficiá-los de alguma outra forma. Embora os governos argumentem que determinadas medidas, como a obrigatoriedade de usar capacete e cinto de segurança, protegem os indivíduos, evitando que eles se machuquem, alguns ativistas as consideram um ataque às liberdades civis.

privatização Transferência de serviços, órgãos ou ativos públicos para o setor privado. Os governos, sejam eles locais ou nacionais, tendem a privatizar para obter receitas, cortar custos ou criar serviços cuja relação custo-benefício seja mais favorável devido à concorrência do livre mercado. Durante os anos 1980, os governos dos Estados Unidos e da Grã-Bretanha privatizaram extensas faixas de ativos estatais como parte do conservadorismo fiscal e sua ideologia desreguladora; ao mesmo tempo, após o colapso da União Soviética importantes empresas estatais foram vendidas na Europa Oriental e na Rússia durante os anos 1990.

ANARQUISMO

Reflita sobre essa experiência

hipotética. Suponha que um estranho – um ladrão – bata à sua porta e exija, de arma em punho, que você lhe dê uma grande quantidade de dinheiro. Agora suponha que esse estranho esteja usando um crachá prateado brilhante em que se lê "governo". Será que esse crachá legitima, de alguma forma, sua atitude? E mais: suponha que o estranho prove que foi contratado pela maioria da vizinhança para fazer uma coleta obrigatória de dinheiro visando promover melhorias no bairro. Ora, será que você está eticamente obrigado (em vez de simplesmente morrendo de medo) a lhe dar o dinheiro? Se acha que não, talvez você seja mais anarquista do que imagina. Governos impõem coerção – a ameaça e o uso da força para defender sua autoridade e suas leis –, e anarquistas são pessoas que acreditam que não existe autorização legítima para essa coerção. As outras coisas em que os anarquistas acreditam variam radicalmente. Alguns creem na ação social coletiva – desde que voluntária. Outros acreditam que indivíduos radicalmente livres não devem sofrer nenhuma coerção social indesejada. E alguns defendem, ainda, que até a propriedade, que exige a proteção pela força, é ilegítima. Embora os movimentos anarquistas tenham brotado em todo o mundo do século XIX em diante, seu apelo sempre foi bastante limitado.

DOUTRINA
O anarquismo é menos uma filosofia coerente que um conjunto extremamente diverso de crenças políticas cujo único ponto em comum é serem contra a autoridade, contra o Estado e contra a coerção.

DISCURSO
É complicado provar que os anarquistas estão errados. Os Estados Unidos e a Grã-Bretanha sofreram uma forte influência da teoria do contrato social, que sustenta que a autoridade legítima do governo provém do consentimento dos governados. O filósofo do século XVIII David Hume zombava dessa teoria, observando que muito poucas pessoas tiveram, um dia, a oportunidade de aprovar (ou rejeitar) seu governo. Em vez disso, Hume justificava a legitimidade do governo pelo fato de que sem governo – democrático ou não – a civilização viria abaixo.

TEMAS RELACIONADOS
PRETORIANISMO
p. 48
ANARCOSSINDICALISMO
p. 112

DADOS BIOGRÁFICOS
PIERRE-JOSEPH PROUDHON
1809-1865
Pensador francês e possível criador do nome "anarquista"

MIKHAIL A. BAKUNIN
1814-1876
Revolucionário russo que defendia o anarquismo coletivista

ROBERT PAUL WOLFF
1933-
Norte-americano defensor do "anarquismo filosófico"

CITAÇÃO
Michael E. Bailey

"O melhor governo é o que não governa."
HENRY DAVID THOREAU

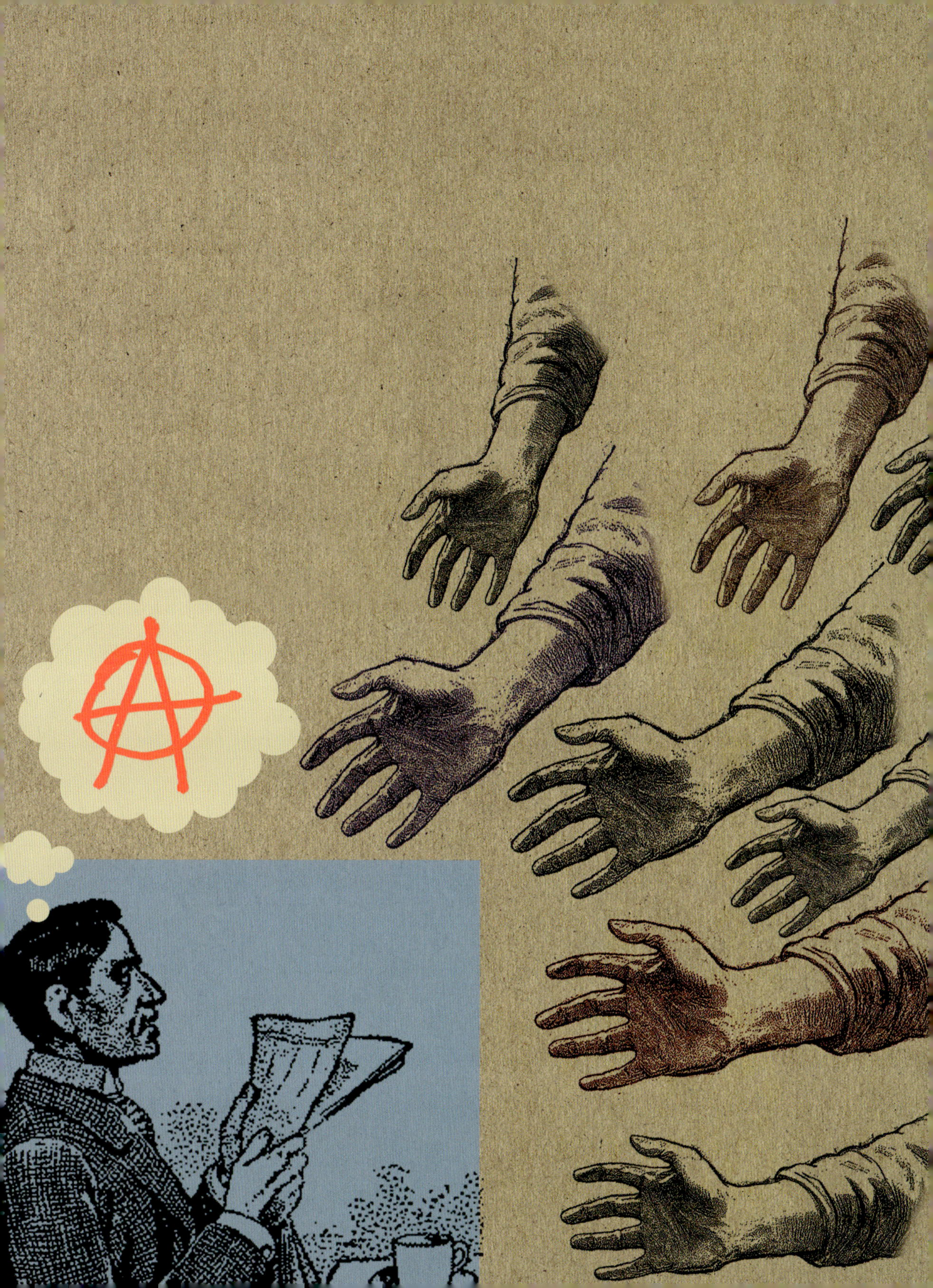

DEMOCRACIA REPRESENTATIVA

A ideia fundamental por trás da democracia é que as pessoas governam a si próprias. No entanto, o problema é que o verdadeiro autogoverno, em que os cidadãos de fato participam das decisões no dia a dia, é praticamente impossível. Embora as sociedades bem pequenas possam, em teoria, permitir a participação de todos os membros no governo, assim que elas alcançarem o porte dos países modernos, tais atividades serão impossíveis. Mesmo num país como a Islândia, pequena tanto em termos geográficos como populacionais (aproximadamente 320 mil habitantes), ainda existem sérios obstáculos a um verdadeiro governo de todos os adultos. Onde todos se reuniriam? Como encontrariam tempo para se dedicar ao governo? Como teriam tempo para debater de maneira adequada se todos tivessem direito a falar, mesmo que por poucos minutos, para expressar suas opiniões? Esse problema fica ainda mais evidente nas democracias maiores, como os Estados Unidos (mais de 300 milhões de habitantes) ou a Índia (mais de 1 bilhão). O resultado disso é que o governo democrático moderno transformou-se num sistema em que a população vai às urnas para votar em políticos que supostamente devem representar os interesses dos eleitores. Esses políticos tornam-se então responsáveis perante os eleitores de forma regular, uma vez que precisam apresentar-se periodicamente diante deles para pleitear a reeleição.

DOUTRINA
Como a tendência é que as pessoas não disponham do tempo, do interesse ou do conhecimento necessário para se autogovernarem, elas elegem representantes para fazê-lo em seu nome.

DISCURSO
Como a democracia representativa requer representantes eleitos, organizar os interesses e estruturar a competição eleitoral torna-se vital. Aí entra o partido político: um grupo de indivíduos organizados em torno de um mecanismo sinalizador (a marca do partido, que transmita aos eleitores uma ideia de suas posições políticas) que disputa os votos em eleições competitivas. Além disso, uma vez eleitos, os partidos ficariam responsáveis pelo governo (sobretudo nos sistemas parlamentaristas). Os partidos estão presentes em todas as democracias representativas modernas.

TEMAS RELACIONADOS
DEMOCRACIA
p. 24
MAJORITARIANISMO
p. 60
REPRESENTAÇÃO PROPORCIONAL
p. 62
DEMOCRACIA PARLAMENTARISTA
p. 92

DADOS BIOGRÁFICOS
JAMES MADISON
1751-1836
Teórico político e principal arquiteto da Constituição americana

JOHN STUART MILL
1806-1873
Teórico político, defensor da democracia representativa

CITAÇÃO
Steven L. Taylor

"O direito de eleger os representantes é o principal direito, e é por meio dele que todos os outros direitos são protegidos."
THOMAS PAINE

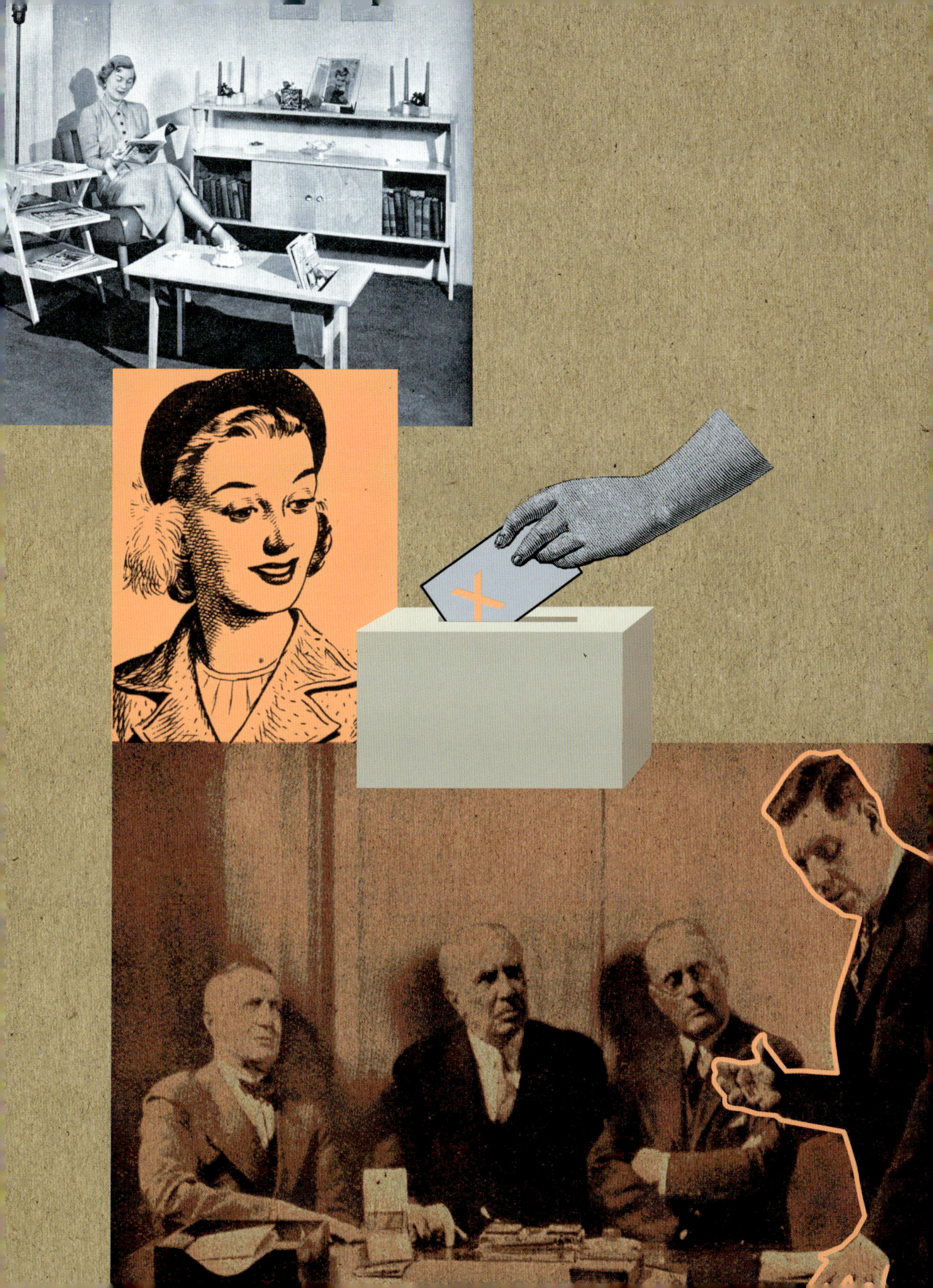

MAJORITARIANISMO

À primeira vista, a ideia do majoritarianismo é extremamente atraente porque reflete o valor fundamental por trás da democracia; se a maioria das pessoas quer algo, é razoável sugerir que o governo deva ir ao encontro dessa vontade. No entanto, os valores majoritários muitas vezes entram em conflito com a crença de que os direitos das minorias políticas, religiosas ou étnicas devem ser protegidos. Uma das declarações mais conhecidas a respeito dessa preocupação é o volume 10 de *O federalista*, de James Madison, no qual o teórico político norte-americano argumenta que a "facção majoritária" é a ameaça mais perigosa à estabilidade da democracia representativa no longo prazo. Por exemplo, a experiência dos afro-americanos nos Estados Unidos após a Guerra Civil, particularmente no Sul, ilustra de modo amplo o que pode acontecer quando uma maioria decide relegar uma minoria a uma cidadania de segunda classe. Não obstante, o apelo essencial do majoritarianismo permanece intacto, sendo invocado frequentemente — ao menos pelo lado que conta com o apoio da maioria numa discussão — como base moralmente convincente para que a sua posição se imponha.

DOUTRINA
O governo deve adotar a posição da maioria das pessoas em qualquer assunto.

DISCURSO
O majoritarianismo pode ser problemático porque com frequência o público defende opiniões contraditórias. Por exemplo, os cidadãos de muitos países democráticos acreditam no valor da liberdade de expressão em teoria, mas a negariam a grupos malvistos e extremistas; na Europa, por exemplo, alguns países proíbem organizações pró-nazistas ou pró-comunistas. A maioria dos cidadãos também pode defender ideias que sejam política ou economicamente inviáveis, como acreditar que os impostos devem ser reduzidos e que, ao mesmo tempo, o governo deve gastar mais.

TEMAS RELACIONADOS
DEMOCRACIA
p. 24
SOBERANIA POPULAR
p. 26
DEMOCRACIA REPRESENTATIVA
p. 58

DADOS BIOGRÁFICOS
ALEXIS DE TOCQUEVILLE
1805-1859
Aristocrata francês autor da definição "tirania da maioria"

STEPHEN A. DOUGLAS
1813-1861
Senador americano que propôs que os novos estados deveriam decidir, por meio do voto popular, se seriam estados "livres" ou "escravocratas"

CITAÇÃO
Christopher N. Lawrence

"A decisão pelas maiorias é um recurso igual à iluminação a gás."
WILLIAM EWART GLADSTONE

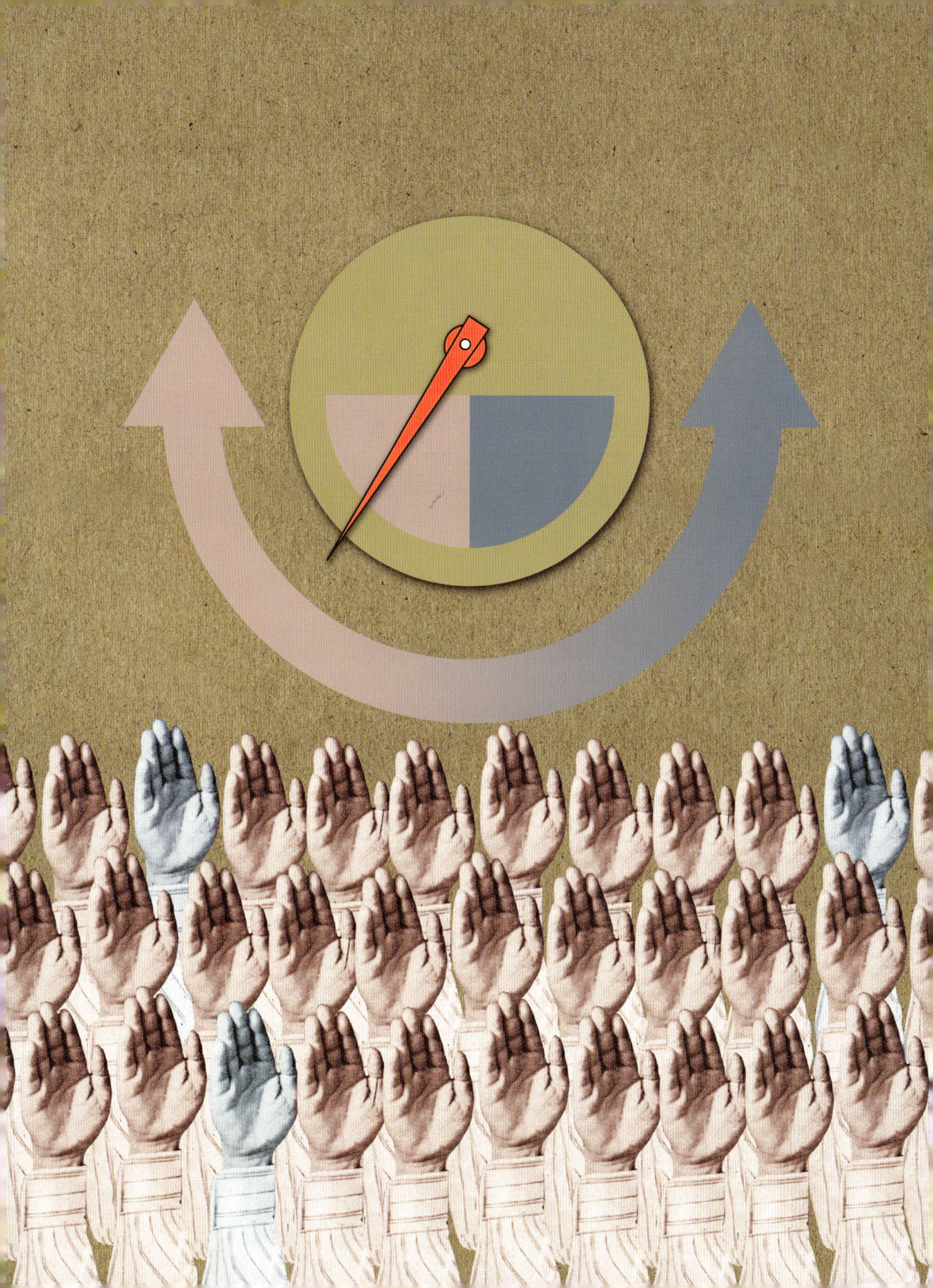

REPRESENTAÇÃO PROPORCIONAL

Quando se trata de eleger políticos para cargos de governo, existem dois tipos principais de sistemas eleitorais disponíveis. Um deles é o sistema majoritário, como o usado nos Estados Unidos e na Grã-Bretanha, no qual candidatos individuais concorrem num distrito disputando uma única cadeira. O outro é o sistema de representação proporcional, no qual os partidos concorrem em distritos representados por vários governantes, isto é, mais de um representante será eleito naquele distrito. Nos sistemas de representação proporcional, a ideia fundamental é que cada partido recebe aproximadamente o mesmo percentual de cadeiras no Legislativo que obteve de votos em todo o distrito – em outras palavras, espera-se que, se o partido X tiver 20% dos votos ele ganhará 20% das cadeiras. Há vários fatores que atuam para determinar com exatidão quão proporcional o sistema será, como o método preciso de traduzir votos em cadeiras ou como a definição do número de cadeiras em disputa por distrito, além de outros elementos estruturais e legais. De forma geral, os sistemas de representação proporcional exigem que os partidos apresentem listas de candidatos para concorrer nos respectivos pleitos.

DOUTRINA
Os partidos políticos recebem aproximadamente o mesmo percentual de cadeiras no Legislativo que receberam de votos na eleição.

DISCURSO
A principal discussão acerca do uso da RP é a da representação versus fragmentação/estabilidade. Quanto mais proporcional for o sistema eleitoral, maior a probabilidade de que diferentes interesses políticos sejam representados no Legislativo nacional. Naturalmente, a maior quantidade de interesses representados significa provavelmente um aumento do número de partidos no Legislativo. E a presença de mais partidos dificulta a formação de uma coalizão para aprovar leis (ou para formar o governo numa democracia parlamentarista).

TEMAS RELACIONADOS
DEMOCRACIA
p. 24
MAJORITARIANISMO
p. 60
DEMOCRACIA REPRESENTATIVA
p. 58
DEMOCRACIA PARLAMENTARISTA
p. 92

DADOS BIOGRÁFICOS
MAURICE DUVERGER
1917-2014
Cientista político e teórico francês

MATTHEW S. SHUGART
1960-
Professor e teórico americano

CITAÇÃO
Steven L. Taylor

"... o princípio fundamental da democracia [é] a representação proporcional."
JOHN STUART MILL

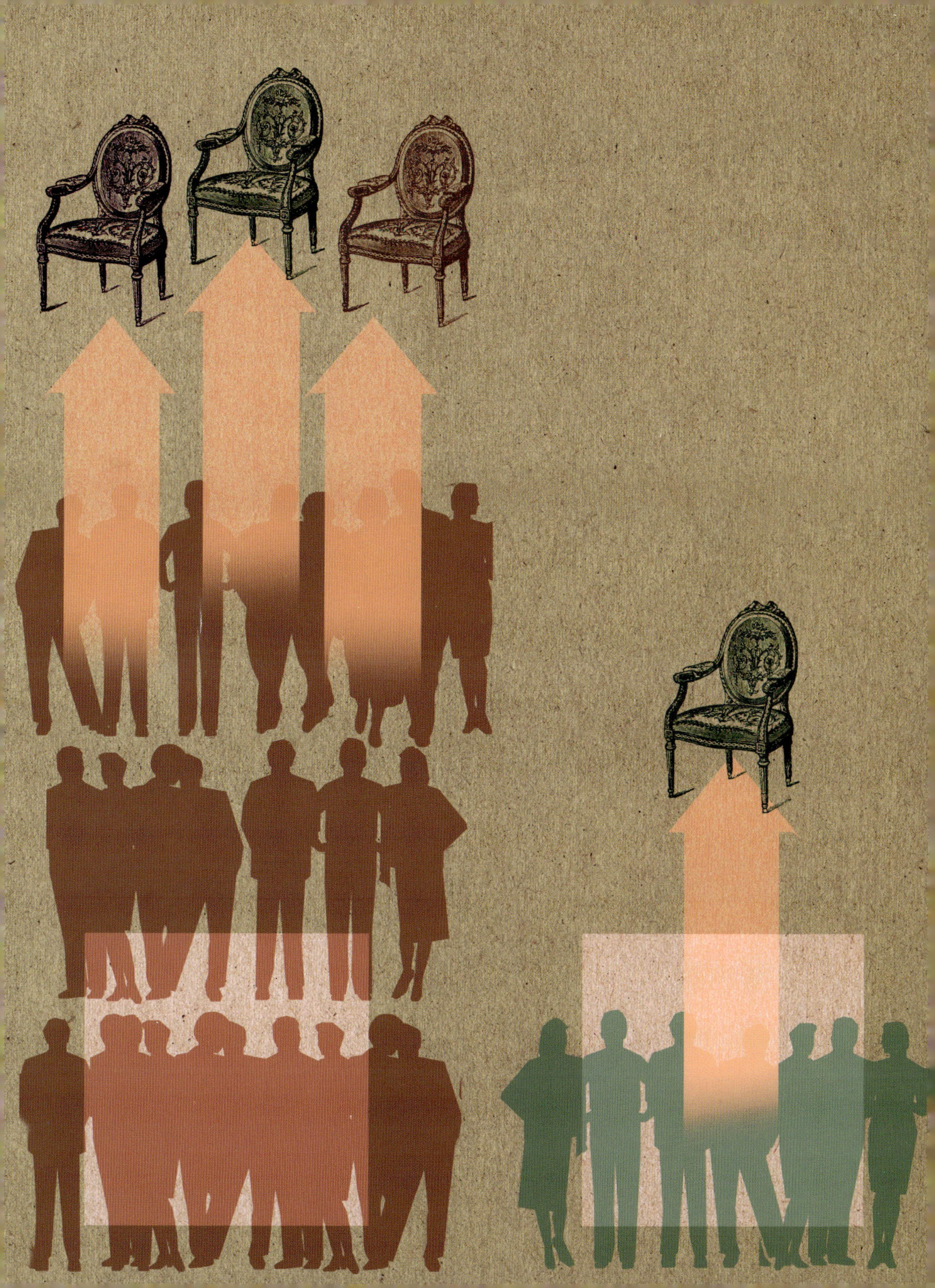

LIBERALISMO CLÁSSICO

Poder versus liberdade. Governo versus indivíduo. No âmago do liberalismo clássico – uma filosofia política que começou a surgir na Inglaterra, na França e nos Estados Unidos no final do século XVIII – está o compromisso de limitar o poder do governo para que os indivíduos possam buscar livremente seus próprios interesses econômicos. Da fidelidade política demonstrada por ingleses e americanos no século XVIII aos direitos individuais, o liberalismo clássico tomou emprestados o império da lei, a separação de poderes e os freios e contrapesos, além de acrescentar um novo compromisso com a teoria econômica do *laissez-faire*. Alguns liberais clássicos eram extremamente pessimistas com o futuro da sociedade, enquanto para outros o progresso social havia se tornado um artigo de fé; porém, tanto para pessimistas como para otimistas tudo que existe de bom na sociedade é ameaçado pela interferência excessiva do governo. Como o professor que, ao fornecer sempre as respostas, educa os alunos para a impotência, os esforços paternalistas do governo para socorrer as pessoas – isto é, indo além do papel tradicional de proteger a propriedade e estabelecer a ordem – acabam prejudicando aqueles a quem se pretende beneficiar. Inicialmente na Inglaterra e mais tarde nos Estados Unidos, os princípios do liberalismo clássico foram utilizados para racionalizar como um mal necessário o sofrimento e a miséria associados à industrialização.

DOUTRINA
A liberdade individual e a busca de riqueza predominam nessa ideologia dos séculos XVIII e XIX, que defende: quanto menos um governo governar, melhor.

DISCURSO
Uma curiosidade do liberalismo clássico são suas visões confusas a respeito da capacidade humana. No mundo liberal clássico, indivíduos que são completamente criteriosos na busca de vantagens econômicas (e, portanto, invioláveis) imediatamente se transformam em tolos quando reúnem esforços para reformar a sociedade por meio da política. Além disso, o paternalismo, absolutamente detestável quando proveniente dos funcionários públicos, não apenas foi aceito como defendido como necessário quando direcionado aos barões da indústria.

TEMAS RELACIONADOS
LIBERALISMO
p. 70
LIBERTARIANISMO
p. 72
CAPITALISMO
p. 118

DADOS BIOGRÁFICOS
ADAM SMITH
1723-1790
Economista escocês que exigia o livre comércio

HERBERT SPENCER
1820-1903
Filósofo inglês, defensor da "sobrevivência econômica dos mais capazes"

CITAÇÃO
Michael E. Bailey

"Consideramos que tais verdades dispensam explicação, que todos os homens são criados iguais, que são dotados pelo Criador de certos direitos inalienáveis, e que entre estes direitos estão a vida, a liberdade e a busca da felicidade."
THOMAS JEFFERSON

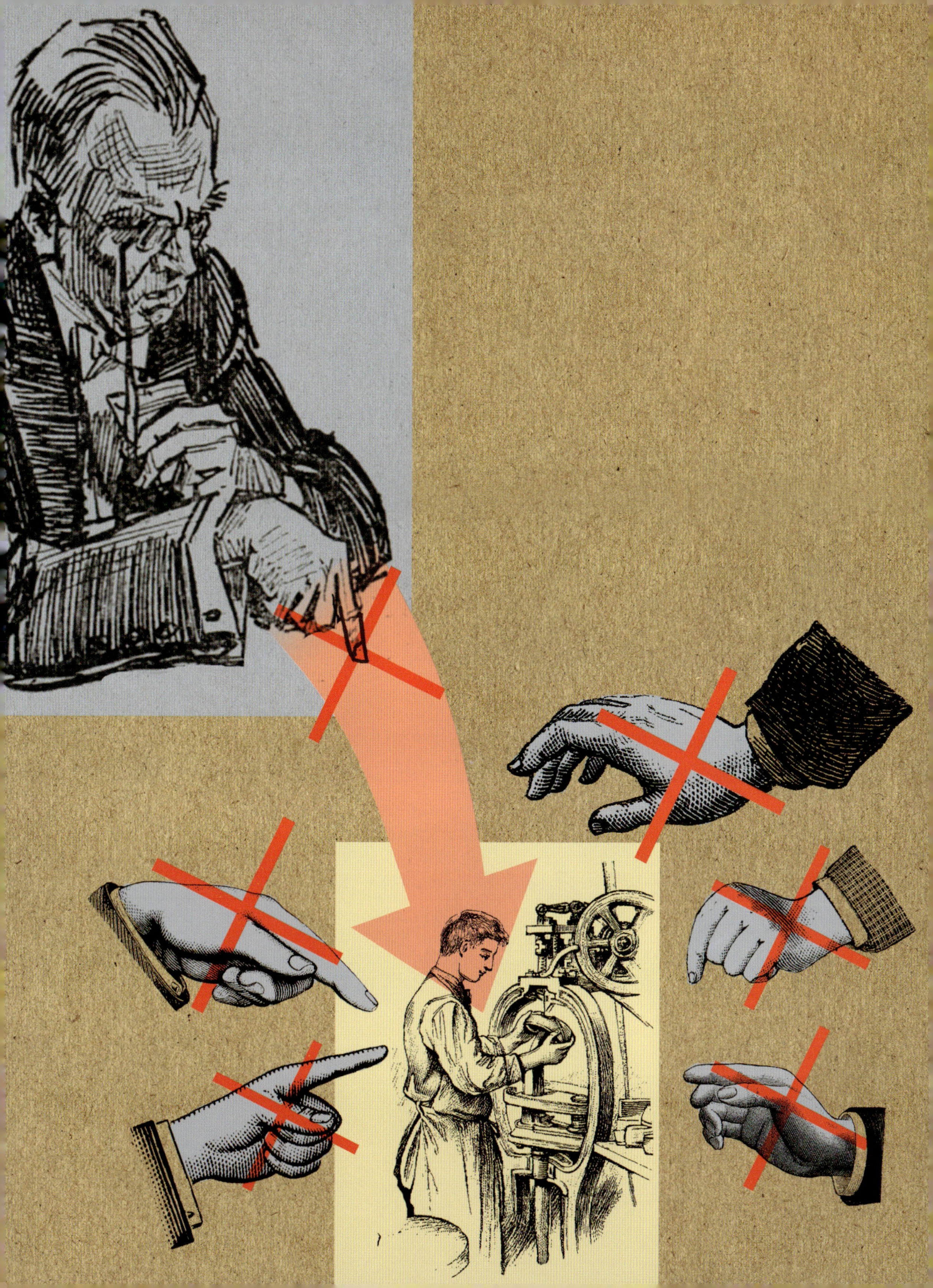

1632
Nasce em Somerset, Reino Unido

1652
Frequenta a Universidade de Oxford

1667
Empregado na casa de lorde Cooper, primeiro conde de Shaftesbury

1675
Viagem pela França

1679
Retorno à Inglaterra; escreve a maior parte de *Dois tratados sobre o governo*

1689
Publicação de *Ensaio sobre o entendimento humano*

1690
Publicação de *Dois tratados sobre o governo*

1693
Publicação do tratado intitulado *Alguns pensamentos sobre a educação*

1704
Morre em Essex, Reino Unido

JOHN LOCKE

Dentre as inúmeras figuras célebres do Iluminismo, poucas – se é que alguma – podem reivindicar ter tido tamanho impacto no pensamento político moderno como Locke. Ele foi um dos primeiros a questionar o conceito de poder absoluto e a investigar a relação entre o indivíduo e o Estado.

Em 1647, aos 15 anos de idade, Locke frequentou a Escola de Westminster, em Londres, e cinco anos mais tarde entrou na Universidade de Oxford, onde, ao lado de uma formação clássica um tanto inútil, também estudou medicina, além de entrar em contato com as obras dos novos e estimulantes filósofos modernos, particularmente René Descartes. A filosofia das ideias de Descartes poria Locke em seu próprio caminho para o empirismo, em que ele argumentava que não nascemos com um conhecimento inato, e sim como páginas em branco (*tabula rasa*), e que nosso conhecimento é obtido ao longo do tempo por meio da experiência e da percepção – ideias expressas na íntegra na obra filosófica *Ensaio sobre o entendimento humano*, publicada em 1689.

Enquanto estava em Oxford, Locke travou contato com lorde Cooper, primeiro conde de Shaftesbury e ministro das Finanças. Embora médico pessoal de Shaftesbury, foi como secretário do recém-formado Comitê de Comércio e Plantações que Locke passou a compreender o comércio e os negócios internacionais e a gostar da economia e da política em geral.

No entanto, foi com *Dois tratados sobre o governo*, publicado em 1690, que o filósofo mostrou sua bagagem política. O primeiro tratado é um ataque ao direito divino dos reis e à monarquia absolutista. No segundo tratado, Locke argumenta em favor do governo benigno baseado no conceito de "contrato social" – em troca de ceder alguns direitos ao Estado, os homens podem esperar proteção, um governo justo e a permissão de buscar seus direitos naturais de "vida, liberdade, saúde e propriedade". Essa teoria política conduziria ao liberalismo clássico e, mais tarde, repercutiria profundamente na *Declaração de Independência dos Estados Unidos da América*.

CONSERVADORISMO

Não é possível reduzir o conservadorismo a um conjunto de políticas; além disso, as causas defendidas pelos conservadores variam radicalmente de uma era para outra e de um país para outro. Basta virar as páginas de um livro de história para encontrar tanto conservadores libertários como defensores de um Estado forte, conservadores internacionalistas e isolacionistas, conservadores democráticos e aristocráticos, além dos que adoram a tecnologia e dos que a detestam. O que mantém o conservadorismo unido enquanto abordagem coerente da política é um conjunto de crenças e atitudes acerca dos seres humanos e da sociedade. A maioria dos conservadores acredita que os seres humanos possuem uma natureza imutável que impede todas as tentativas políticas de reformar a sociedade a partir do zero. Por mais que tentem, os revolucionários políticos e mesmo os "especialistas" filantropos do governo acabam inevitavelmente fracassando – muitas vezes à custa de vidas humanas e da liberdade individual – quando tentam transformar em realidade seus projetos utópicos. Os conservadores acreditam que as civilizações respeitáveis e em que vale a pena viver são difíceis de implantar, além de serem irritantemente frágeis. Para preservar a sociedade é necessário que esta e o governo instituam a lei e a ordem, reconheçam que a desigualdade de talentos e de poder é inevitável, promovam a religião e o ensino da virtude, defendam a importância da família e dos grupos sociais tradicionais e não se furtem a estimular o amor patriótico pelo país.

DOUTRINA
O conservadorismo é uma filosofia política e social que defende as tradições e as instituições, afirmando que a sociedade avança melhor quando olha para trás.

DISCURSO
Os conservadores às vezes louvam os esforços dos reformadores do *passado* – quando estes deixaram a cena política e sumiram no horizonte. Os liberais ou reformistas progressistas de hoje podem se tornar os heróis conservadores de amanhã, caso suas inovações se mostrem proveitosas. No contexto norte-americano e britânico, os conservadores do passado resistiram à ampliação do sufrágio aos não proprietários, às mulheres e às minorias; hoje, porém, aludem ao sufrágio universal como sinal da justiça conservadora e do compromisso com a democracia.

TEMAS RELACIONADOS
LIBERALISMO CLÁSSICO
p. 64
NEOCONSERVADORISMO
p. 144

DADOS BIOGRÁFICOS
EDMUND BURKE
1729-1797
Amplamente reconhecido como "o pai do conservadorismo"

RONALD REAGAN
1911-2004
Emblemático presidente conservador americano

MARGARET THATCHER
1925-2013
Influente primeira-ministra conservadora britânica

CITAÇÃO
Michael E. Bailey

"O que é o conservadorismo? Não é a adesão ao que é velho e testado, contra aquilo que é novo e não testado?"
ABRAHAM LINCOLN

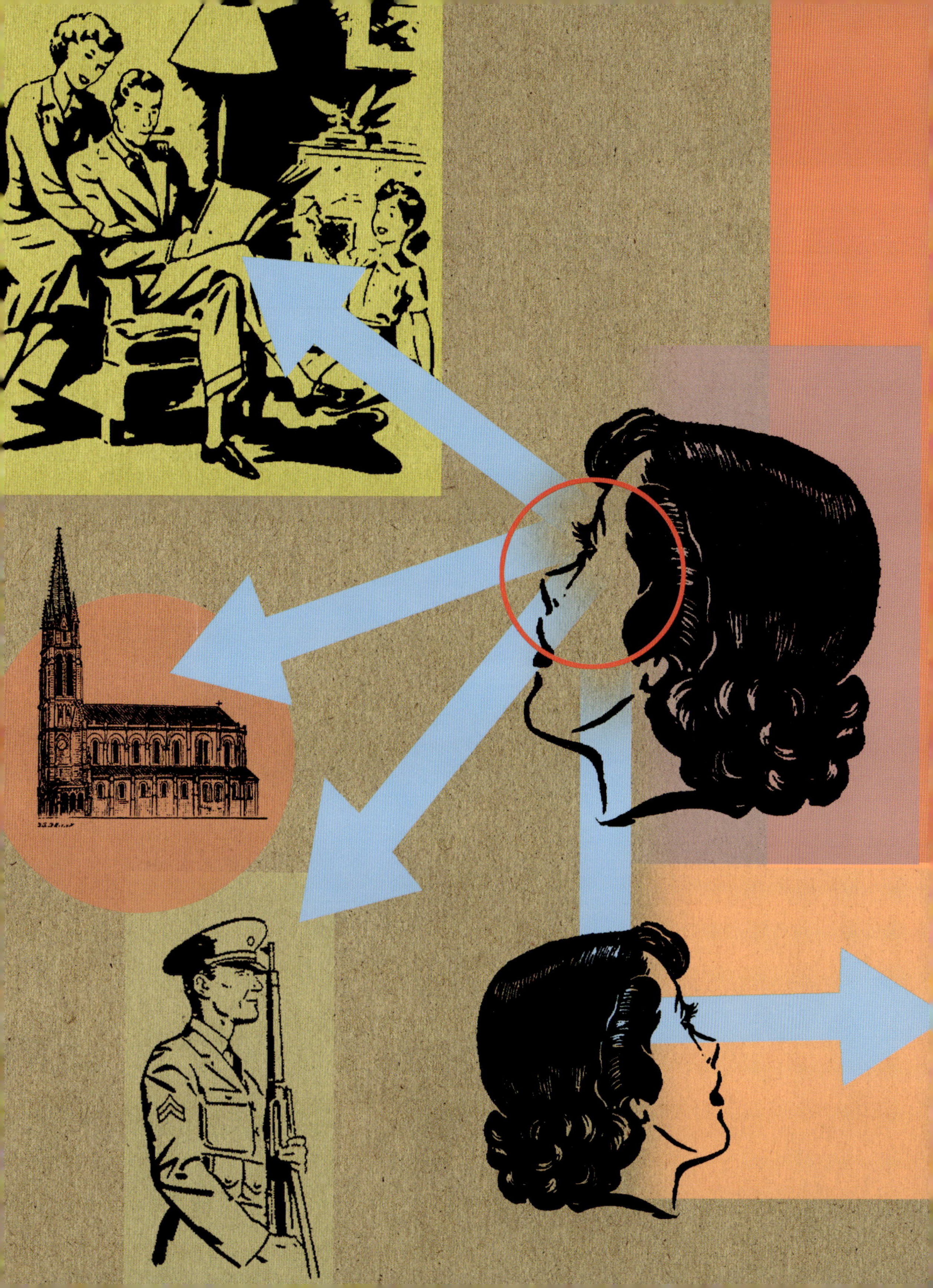

LIBERALISMO

O liberalismo é a doutrina política da libertação individual, da proteção contra a injustiça e da igualdade de direitos. Essas três características, aparentemente um triângulo harmonioso de ideias compatíveis, na verdade existem em profunda tensão entre si, e o pensamento liberal luta constantemente para ponderar de maneira adequada cada um desses valores. Em suas manifestações do século XVIII, como as dos anos iniciais da república norte-americana, o liberalismo colocou a liberdade individual como prioridade máxima, diminuindo a ênfase na igualdade de direitos ou na proteção contra injustiças, exceto no caso das violações claras de direitos. No século XX, contudo, os liberais começaram a perceber que, para fazer sentido, a liberdade não pode ficar separada da segurança ou do acesso justo ao governo. Então começaram a promover a ideia da liberdade positiva, que, por meio de uma série de programas, como o ensino público, visa prover os cidadãos com as habilidades que aumentem suas oportunidades de fazer escolhas de vida significativas. Regulações governamentais bem concebidas poderiam levar a uma maior liberdade individual ao assegurar mais segurança, como quando o governo garante os depósitos bancários individuais. Os liberais também começaram a enfatizar a interconexão da sociedade, observando que, quando sistemas econômicos como o capitalismo levam a uma enorme desigualdade, à pobreza e à miséria, além de condições de trabalho perigosas, isso pode prejudicar bastante os indivíduos.

DOUTRINA
As pessoas nascem livres e iguais, e o papel do governo é mantê-las assim.

DISCURSO
A boa notícia é que as pessoas nascem livres e iguais, além de donas de suas vidas. A má notícia é que a liberdade das pessoas e a igualdade entre elas – na verdade, seu bem-estar geral – são ameaçadas continuamente não apenas pelos seres humanos, mas por catástrofes naturais, pela poluição e por produtos industriais e sistemas sociais. Para oferecer segurança aos indivíduos é preciso regular faixas cada vez maiores da vida social. Portanto, ao proteger os indivíduos, o governo os deixa isolados e impotentes.

TEMAS RELACIONADOS
LIBERALISMO CLÁSSICO
p. 64
KEYNESIANISMO
p. 124
NEOLIBERALISMO
p. 128

DADOS BIOGRÁFICOS
FRANKLIN D. ROOSEVELT
1882-1945
Presidente americano defensor do Estado de bem-estar social

JOHN MAYNARD KEYNES
1883-1946
Economista inglês

JOHN RAWLS
1921-2002
Filósofo político americano

CITAÇÃO
Michael E. Bailey

"Hoje percebemos claramente o fato de que a verdadeira liberdade individual não pode existir sem a segurança e a independência econômicas. 'As pessoas necessitadas não são livres.'"
FRANKLIN D. ROOSEVELT

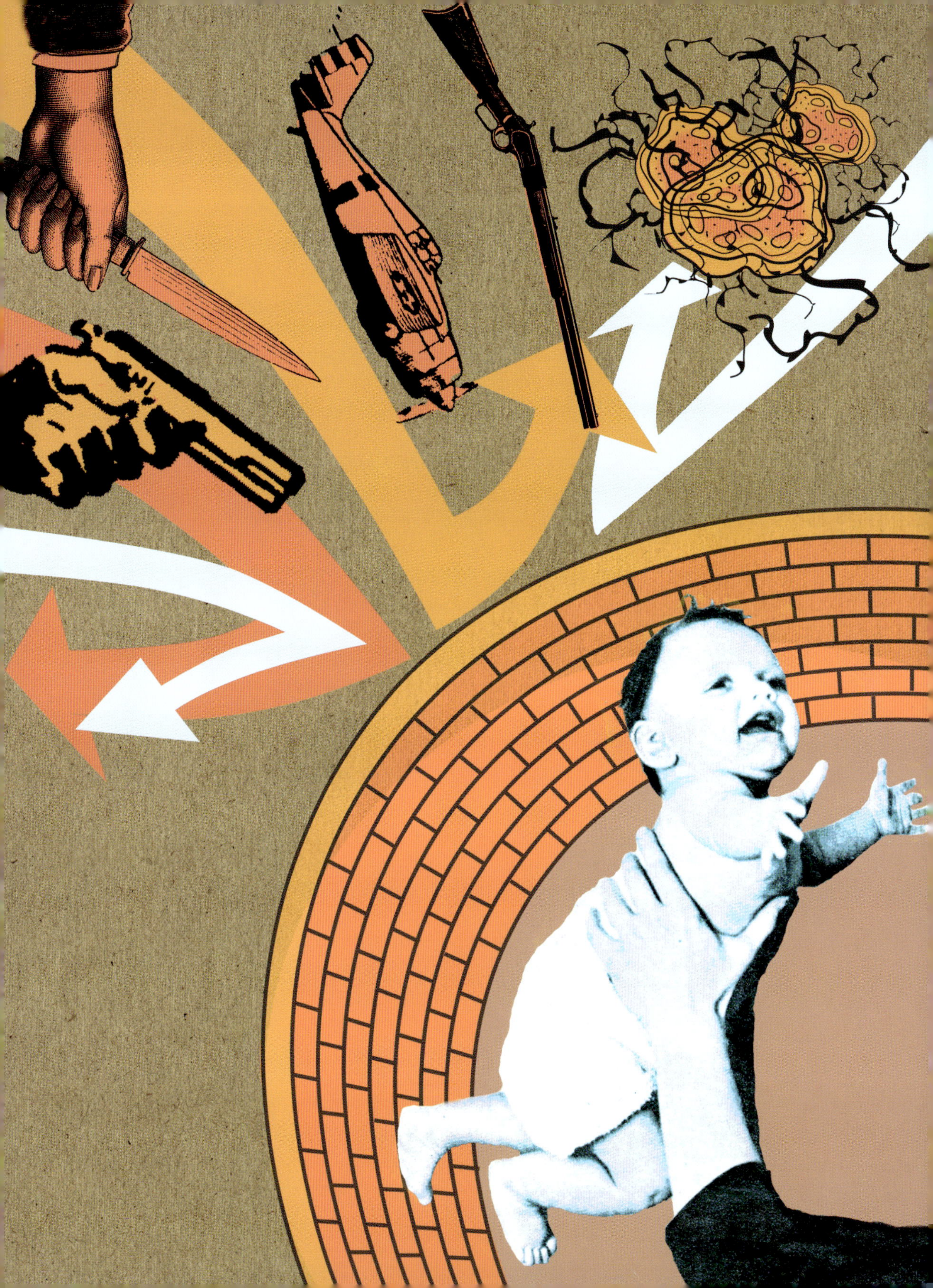

LIBERTARIANISMO

Imagine que você encontra um estranho na rua e que ele manifesta o desejo de melhorar a sua vida. Você recusa discretamente a ajuda, mas o estranho insiste, teimando que pode auxiliá-lo nas finanças, na qualidade da educação dos seus filhos, na segurança do seu local de trabalho e até em sua vida espiritual. Você percebe na hora que a pessoa representa uma ameaça, espantando-se por ela acreditar que pode cuidar dos seus assuntos melhor que você. Os libertários enxergam o governo expansivo – não importa o quão bem-intencionado –, do mesmo modo que enxergamos esse estranho – como um ataque à liberdade e à integridade individual. Os libertários não são anarquistas, eles acreditam que o governo tem uma função necessária e importante, apesar de bastante limitada. Embora não existam dois libertários que pensem exatamente igual – o que é parte da beleza do libertarianismo –, quase todos eles acreditam que o governo deve se limitar rigorosamente a evitar que os cidadãos prejudiquem a liberdade, a propriedade e as vidas uns dos outros, e a punir aqueles que o fizerem. Resumindo, o propósito do governo é proteger os direitos das pessoas. O libertarianismo contemporâneo tem um forte componente econômico de livre mercado, uma vez que os libertários acreditam que a sociedade prospera quando se permite que os indivíduos, seguindo seu próprio interesse, realizem contratos com outros indivíduos livres.

DOUTRINA
Libertarianismo é o credo político do "menos é mais" – ou "governe melhor governando muito pouco".

DISCURSO
Para os libertários, liberdade é, basicamente, "ser deixado em paz" – livre, por exemplo, para dizer o que quiser e orar do jeito que quiser. Contudo, o fato de ser deixado em paz nem sempre lhe oferece uma opção relevante. A liberdade de nadar até a praia é inútil se estou num barco no meio do oceano. Os críticos dos libertários argumentam que a liberdade *positiva* – a capacidade de realizar seu potencial pleno – exige programas governamentais que incluam o ensino público, o atendimento universal à saúde e a proteção da degradação ambiental.

TEMAS RELACIONADOS
LIBERALISMO CLÁSSICO
p. 64
CONSERVADORISMO
p. 68
CAPITALISMO
p. 118

DADOS BIOGRÁFICOS
JOHN STUART MILL
1806-1873
Importante filósofo britânico que procurou maximizar a liberdade social do indivíduo

FRIEDRICH HAYEK
1899-1992
Influente economista austríaco, crítico da intervenção do Estado

MILTON FRIEDMAN
1912-2006
Influente economista americano

CITAÇÃO
Michael E. Bailey

"Dar dinheiro e poder ao governo é como dar uísque e as chaves do carro para adolescentes."

P. J. O'ROURKE

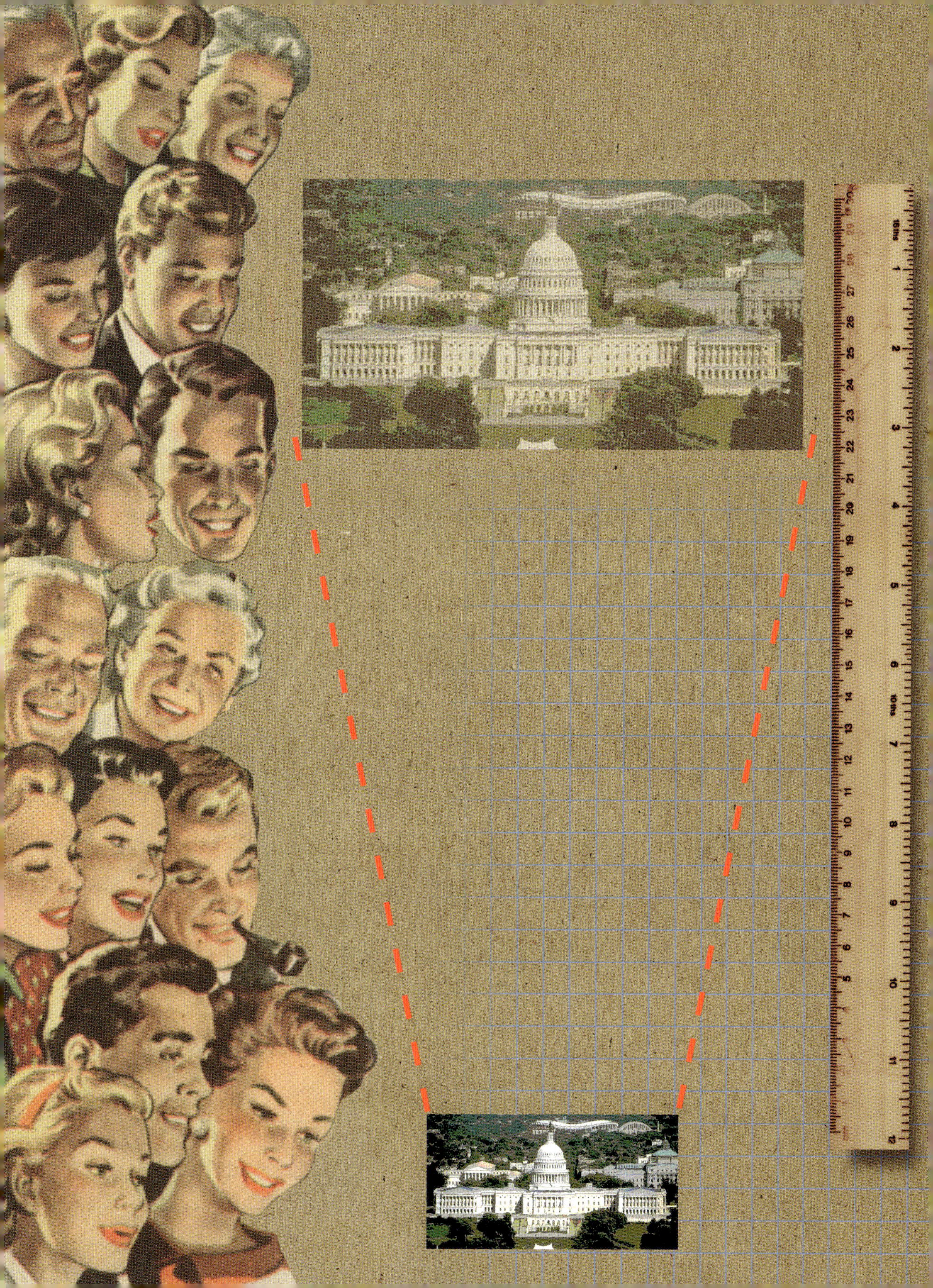

SOCIAL-DEMOCRACIA

Social-democracia é aquela que combina as ideias da democracia representativa com uma ordem econômica parcial ou inteiramente socialista na qual os setores-chave (se não o conjunto deles) da economia são controlados direta ou indiretamente pelo Estado. Após a Segunda Guerra Mundial, a social-democracia foi amplamente adotada na Europa Ocidental (e, com menor intensidade, em outras democracias industriais avançadas, como Canadá e Japão). Ela era considerada um meio-termo entre as democracias representativas que existiam nos Estados Unidos e na Europa do pré-guerra e os regimes comunistas autoritários e totalitários implantados após a Segunda Guerra no Leste Europeu e na China. Muitos desses países adotaram um "Estado de bem-estar social" que atendia às necessidades básicas materiais e de saúde de toda a população, ao mesmo tempo que nacionalizava ou regulava fortemente atividades econômicas importantes como bancos, transportes, indústria e mineração, que por tradição faziam parte do setor privado. Em meados dos anos 1970, entretanto, como muitos dos governos desses países descobriram que seu alto grau de envolvimento na economia havia corroído a competitividade de suas indústrias e o crescimento econômico nacional, eles deram início a um processo de privatização para reduzir a presença do Estado na economia.

DOUTRINA
A social-democracia considera que o Estado tem papel importante para redistribuir renda e nacionalizar a indústria.

DISCURSO
A maioria das democracias representativas contemporâneas possui uma economia "mista" na qual o Estado desempenha um papel fundamental ao menos em alguns setores da economia, mas com uma abrangência menor que a desejada pelos defensores da social-democracia plena. Atualmente, as diferenças mais importantes entre as democracias "capitalistas" como os Estados Unidos e as democracias "sociais" como a Suécia estão no grau de envolvimento do governo na redistribuição econômica, na generosidade da "rede de segurança" do governo e na propriedade dos principais agentes econômicos.

TEMAS RELACIONADOS
DEMOCRACIA
p. 24
COMUNISMO
p. 102
SOCIALISMO
p. 120

DADOS BIOGRÁFICOS
EDUARD BERNSTEIN
1850-1932
Crítico alemão de Karl Marx e "pai" da social-democracia

WILLIAM BEVERIDGE
1879-1963
Economista inglês, autor do "Relatório Beveridge"

CITAÇÃO
Christopher N. Lawrence

"A democracia é indispensável para o socialismo."

VLADIMIR LÊNIN

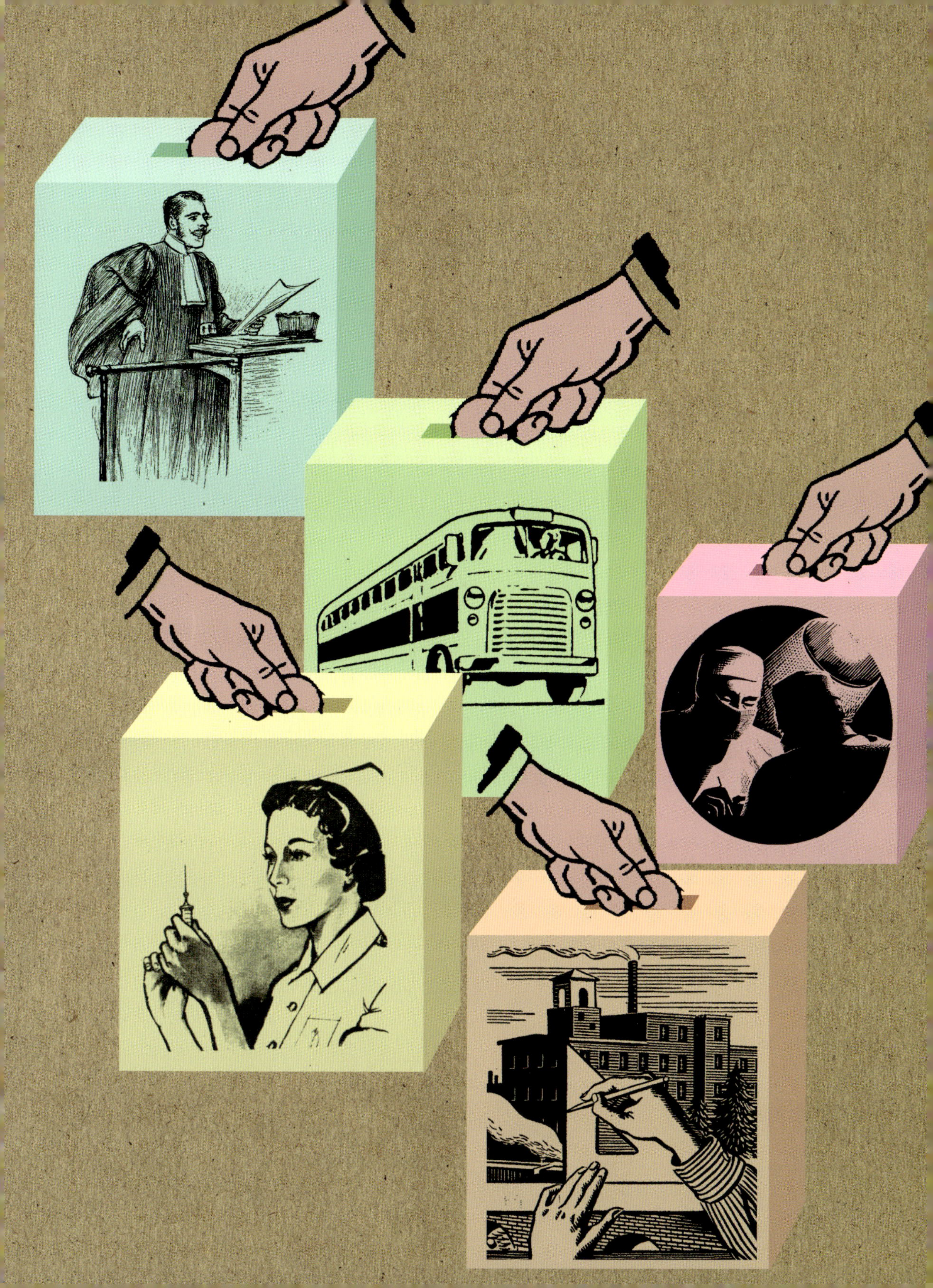

ELEMENTOS DA DEMOCRACIA

ELEMENTOS DA DEMOCRACIA
GLOSSÁRIO

cantão Subdivisão política ou administrativa de alguns países europeus, como a Suíça. Os cantões geralmente têm um território e uma população menores do que outras subdivisões políticas ou administrativas como os estados e as províncias.

chefe de Estado Principal representante público do país. O papel do chefe de Estado depende da Constituição do país. Em uma monarquia constitucional, por exemplo, o monarca, embora sendo chefe de Estado, desempenha principalmente funções cerimoniais, tal como acontece com o presidente na maioria das repúblicas parlamentaristas. No entanto, na maior parte dos sistemas presidencialistas o presidente é chefe de governo e chefe de Estado, sendo investido de poderes executivos específicos.

gabinete Conjunto de representantes que ocupam os postos mais importantes do governo. No sistema parlamentarista o gabinete é formado por membros do Legislativo, sendo coletiva e individualmente responsável perante ele. O gabinete toma decisões políticas conjuntas, enquanto seus membros, conhecidos como ministros, são responsáveis por pastas políticas importantes, como por exemplo as da saúde, educação ou transportes. Na maioria dos sistemas presidencialistas os membros do ministério têm um papel mais consultivo e não podem pertencer ao Legislativo.

governo parlamentarista Sistema de governo no qual o Poder Executivo é exercido por membros escolhidos do Legislativo (parlamento), que formam um grupo ou gabinete de ministros que presta contas ao parlamento. Comparados aos sistemas presidencialistas, os sistemas parlamentaristas tendem a ser de natureza mais coletiva; no entanto, os críticos chamam a atenção para a falta de separação entre os poderes Executivo e Legislativo.

governo presidencialista Sistema de governo em que o presidente é investido de todos os poderes executivos e em que se mantém a independência dos poderes Legislativo e Judiciário. O presidente não presta contas ao Legislativo, e, embora não proponha leis, tem o poder de vetá-las [no caso brasileiro, pode editar medidas provisórias que requerem aprovação do Legislativo]. Diferentemente do chefe de Estado do sistema parlamentarista, o presidente é eleito diretamente pelo povo para um mandato fixo.

poder de prerrogativa Poder do chefe de Estado de agir à margem da lei existente. O termo tem origem na prerrogativa real inglesa do período feudal, na qual o monarca possuía um "resíduo indefinido de poder que ele poderia usar para o bem comum". Tanto naquela época como hoje, a utilização principal do poder de prerrogativa do Executivo está relacionada principalmente com a reação à ameaça de guerra.

primeiro-ministro Nome dado ao chefe de governo em alguns sistemas parlamentaristas; o termo é sinônimo de premiê. Diferentemente do presidente, o primeiro-ministro não é o chefe de Estado, cujo papel, na maioria dos sistemas parlamentaristas, é apenas cerimonial. Além disso, o primeiro-ministro não é eleito diretamente pelo povo; o posto cabe ao líder do partido político mais votado nas eleições gerais nacionais.

voto de censura No sistema parlamentarista, a oposição pode anunciar um voto de censura contra o governo apresentando uma moção de desconfiança. Se o parlamento aprovar a moção, o governo tem de renunciar ou convocar eleições gerais.

PODER LEGISLATIVO

Fundamentalmente, Poder Legislativo é o poder de fixar, modificar e abolir as leis e outras normas que são utilizadas para governar a sociedade. Embora a maior parte das pessoas associe o Poder Legislativo aos parlamentos e a outras assembleias representativas – frequentemente chamadas de legislativos –, na prática as constituições nacionais e as leis podem delegar à esfera executiva alguns aspectos da faculdade de elaborar leis – por exemplo, investindo o presidente do poder de emitir decretos ou ordens executivas [equivalentes, em certa medida, às medidas provisórias no Brasil] ou conferindo ao primeiro-ministro a possibilidade de aconselhar o monarca a exercer seus poderes de "reserva" ou "prerrogativa". Em alguns países, a burocracia também pode ser investida desse poder de elaborar leis. Embora o Legislativo geralmente disponha do mais amplo poder para fazê-lo (e, teoricamente, numa democracia parlamentarista, esse poder é ilimitado), as regulamentações, os regulamentos das assembleias e os instrumentos estatutários e normas semelhantes feitas por burocratas, presidentes e primeiros-ministros podem ter a mesma força legal de uma lei. Às vezes as decisões dos tribunais também podem criar lei, e não apenas interpretá-la. O poder de legislar também pode ser exercido diretamente pelo povo, quando este é chamado a votar numa iniciativa ou num referendo ou quando se reúne ele mesmo como corpo legislativo, como nas assembleias municipais.

DOUTRINA
Poder responsável pela promulgação de leis e outras normas.

DISCURSO
Mesmo onde não existe nenhuma dúvida com relação à separação dos poderes, a introdução de freios e contrapesos pode dar aos membros da esfera executiva um importante papel na elaboração de leis.
Nos Estados Unidos, por exemplo, o veto presidencial permite que o presidente rejeite as leis propostas pelo congresso. O vice-presidente, por outro lado, é ao mesmo tempo um membro do ramo executivo e aquele que pode, em conjunto com outros atores, desenvolver determinadas funções políticas.

TEMAS RELACIONADOS
PODER EXECUTIVO
p. 82
SEPARAÇÃO DE PODERES
p. 86
FREIOS E CONTRAPESOS
p. 90
DEMOCRACIA PARLAMENTARISTA
p. 92

DADOS BIOGRÁFICOS
HENRIQUE III
1207-1272
Primeiro monarca inglês a convocar o parlamento para aumentar impostos

JOSEPH G. CANNON
1836-1926
Presidente da Câmara dos Representantes americana, célebre pelo controle que exercia sobre ela

CITAÇÃO
Christopher N. Lawrence

"As leis, assim como as salsichas, deixam de inspirar respeito na medida em que sabemos como são feitas."
JOHN GODREY SAXE

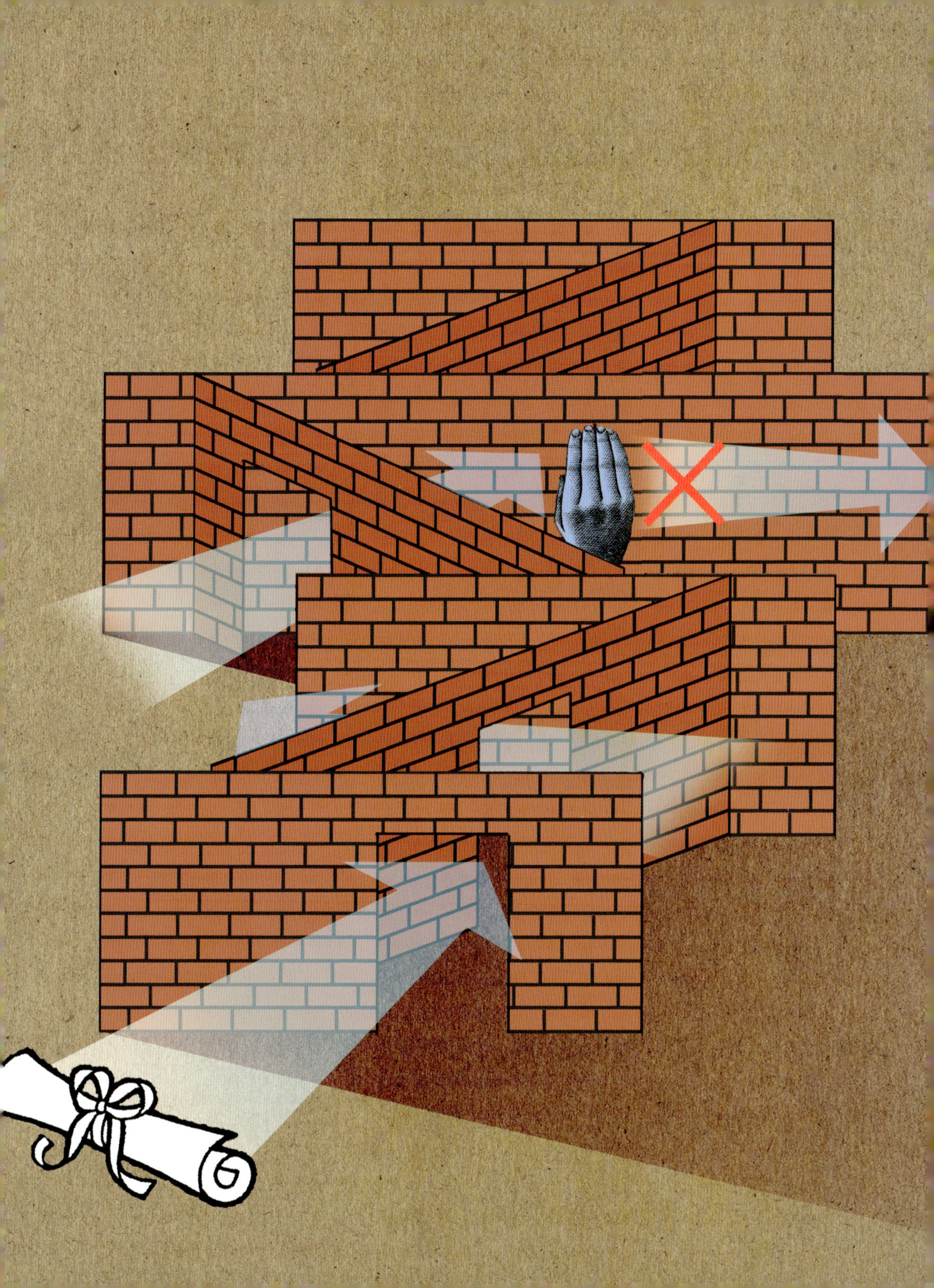

PODER EXECUTIVO

O Poder Executivo é o principal

elemento que diferencia o poder governamental dos outros tipos de autoridade. Igrejas, escolas e corporações são livres (nas sociedades livres) para afirmar o que quiser a respeito da sociedade (ou a respeito do Universo, se for o caso); porém, essas assertivas significam muito pouco quando não há o poder para respaldá-las. O que faz do governo *governo* é o poder de coerção – aquele que faz as pessoas se comportarem de forma involuntária por meio da ameaça de perda de liberdade, de dinheiro ou até mesmo de morte –, e é a esfera executiva que detém esse poder. Ele é a força que põe em funcionamento a administração do governo no dia a dia e que aplica as leis, mantém a ordem e declara guerra. Ele também é o poder que dá ao governo a capacidade de promover tanto um grande bem como um mal terrível. Sem a coerção executiva, os poderes Legislativo e Judiciário não passam de meras recomendações. Nos Estados Unidos, depois que a Suprema Corte declarou em 1954 que a segregação racial nas escolas era inconstitucional, durante anos as instituições de ensino segregadas do Sul não fizeram absolutamente nada para se sujeitar a essa decisão do Judiciário. Só quando o Congresso pressionou o Poder Executivo a obrigá-las a aceitar a decisão é que as escolas começaram a agir; dentro de poucos anos, a grande maioria das escolas do Sul estava sendo dessegregada.

DOUTRINA
Poder responsável pela execução das leis.

DISCURSO
O Poder Executivo teve origem na monarquia, e um dos legados mais controvertidos do poder monárquico é o poder de prerrogativa, que faculta aos executivos agir em prol do bem da nação na ausência de legislação ou mesmo em desacordo com ela – por exemplo, enviando tropas para um combate sem a autorização da instituição de governo responsável pela declaração formal de guerra. Como "domar" esse poder útil, mas perigoso, é um desafio constitucional constante que talvez nunca seja plenamente solucionado.

TEMAS RELACIONADOS
MONARQUIA
p. 14
DESPOTISMO
p. 16
PODER LEGISLATIVO
p. 80

DADOS BIOGRÁFICOS
NICOLAU MAQUIAVEL
1469-1527
Filósofo político italiano que tratou da necessidade de o príncipe ser temido em vez de amado

JOHN LOCKE
1632-1704
pp. 66-7

ALEXANDER HAMILTON
1757-1804
Pensador constitucionalista americano e defensor de um Poder Executivo forte

CITAÇÃO
Michael E. Bailey

"O presidente tem a liberdade, tanto no âmbito da lei como da consciência, de ser o homem mais importante que puder."
WOODROW WILSON

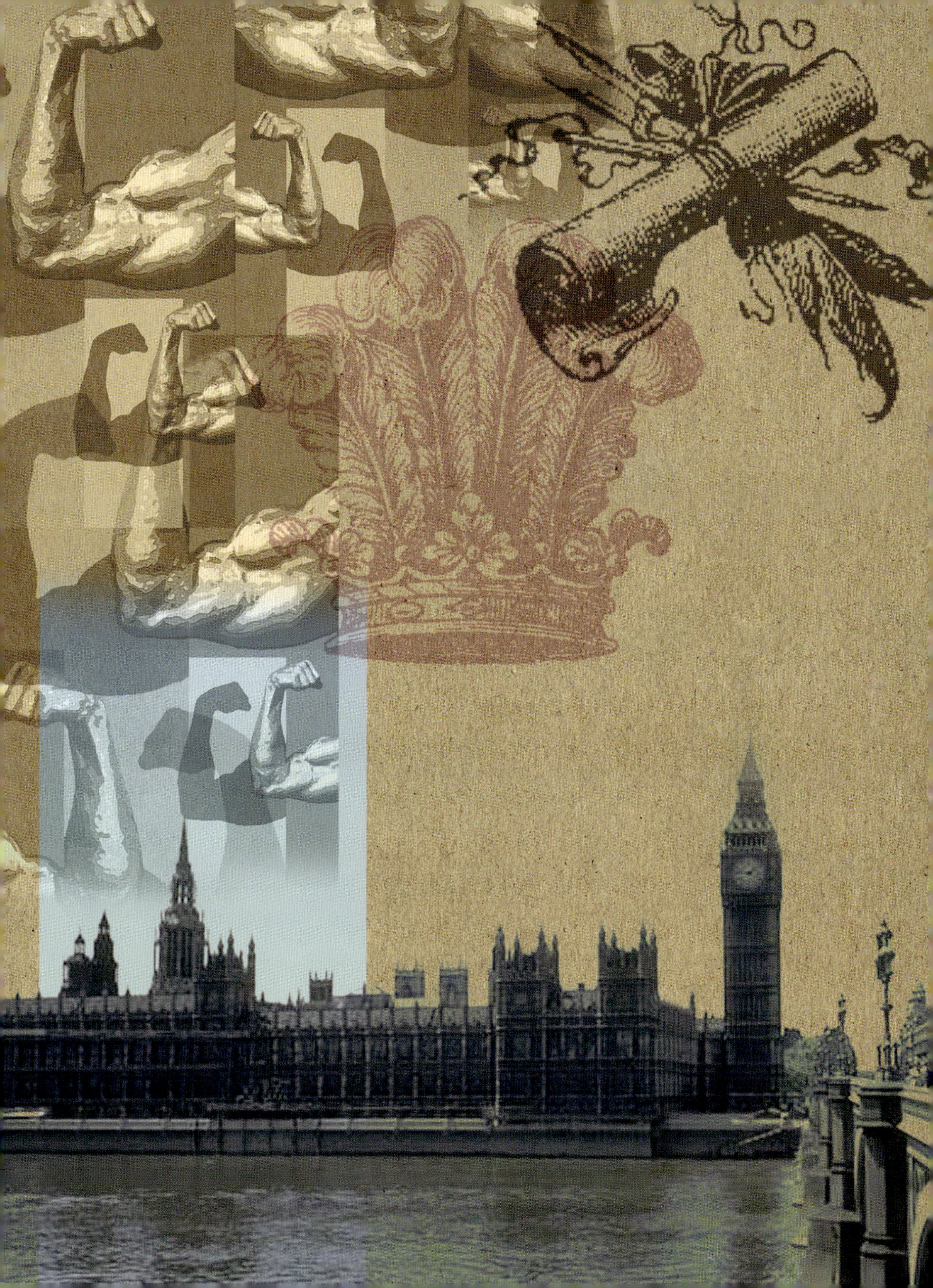

PODER JUDICIÁRIO

O Poder Judiciário é a autoridade de decidir sobre a culpa (ou responsabilidade) de um suposto transgressor da lei, bem como sobre a punição a ser aplicada se ele for considerado responsável. Durante grande parte da história da humanidade, os poderes Judiciário e Executivo ficaram misturados; o governante que acreditava que alguém era culpado de um crime também punia o transgressor. Com o passar do tempo, porém, à medida que a população das comunidades foi aumentando, a separação dos poderes ocorreu na prática, uma vez que os reis e as rainhas tinham coisas mais importantes a fazer do que arbitrar as disputas menores de seus súditos. Na maioria dos países, os juízes (sozinhos ou com o júri) são responsáveis por interpretar as leis em vigor e por aplicá-las às circunstâncias específicas em questão. Também podem investigar os crimes, em particular nos países cuja legislação se baseia no Código Napoleônico, como França e Itália; na maioria das nações de língua inglesa, as investigações geralmente são de responsabilidade da esfera executiva ou de outra autoridade independente. O Poder Judiciário estende-se tanto às disputas entre os cidadãos (ou entre grupos, como as corporações) em que o Estado atua como árbitro – questões de direito civil – como às situações em que um cidadão ou grupo é acusado de uma transgressão contra o Estado – questões de direito criminal.

DOUTRINA
Poder responsável pela interpretação e a aplicação das leis em casos específicos.

DISCURSO
Historicamente, alguns representantes do Legislativo também tinham o poder de punir supostos criminosos aprovando as chamadas leis de perda dos direitos civis, que puniam uma pessoa específica ou um grupo específico de pessoas sem julgamento ou outro recurso (salvo, porventura, o perdão do monarca ou outro chefe de governo).

TEMAS RELACIONADOS
PODER LEGISLATIVO
p. 80
PODER EXECUTIVO
p. 82
SEPARAÇÃO DE PODERES
p. 86
FREIOS E CONTRAPESOS
p. 90

DADOS BIOGRÁFICOS
JOHN MARSHALL
1755-1835
Presidente da Suprema Corte dos EUA que ajudou a instituir o princípio de revisão judicial

OLIVER WENDELL HOLMES JR.
1841-1935
Jurista notável e ex-juiz da Suprema Corte americana

CITAÇÃO
Christopher N. Lawrence

"De acordo com a Constituição, o Judiciário é a salvaguarda da nossa liberdade e da nossa propriedade."
CHARLES E. HUGHES

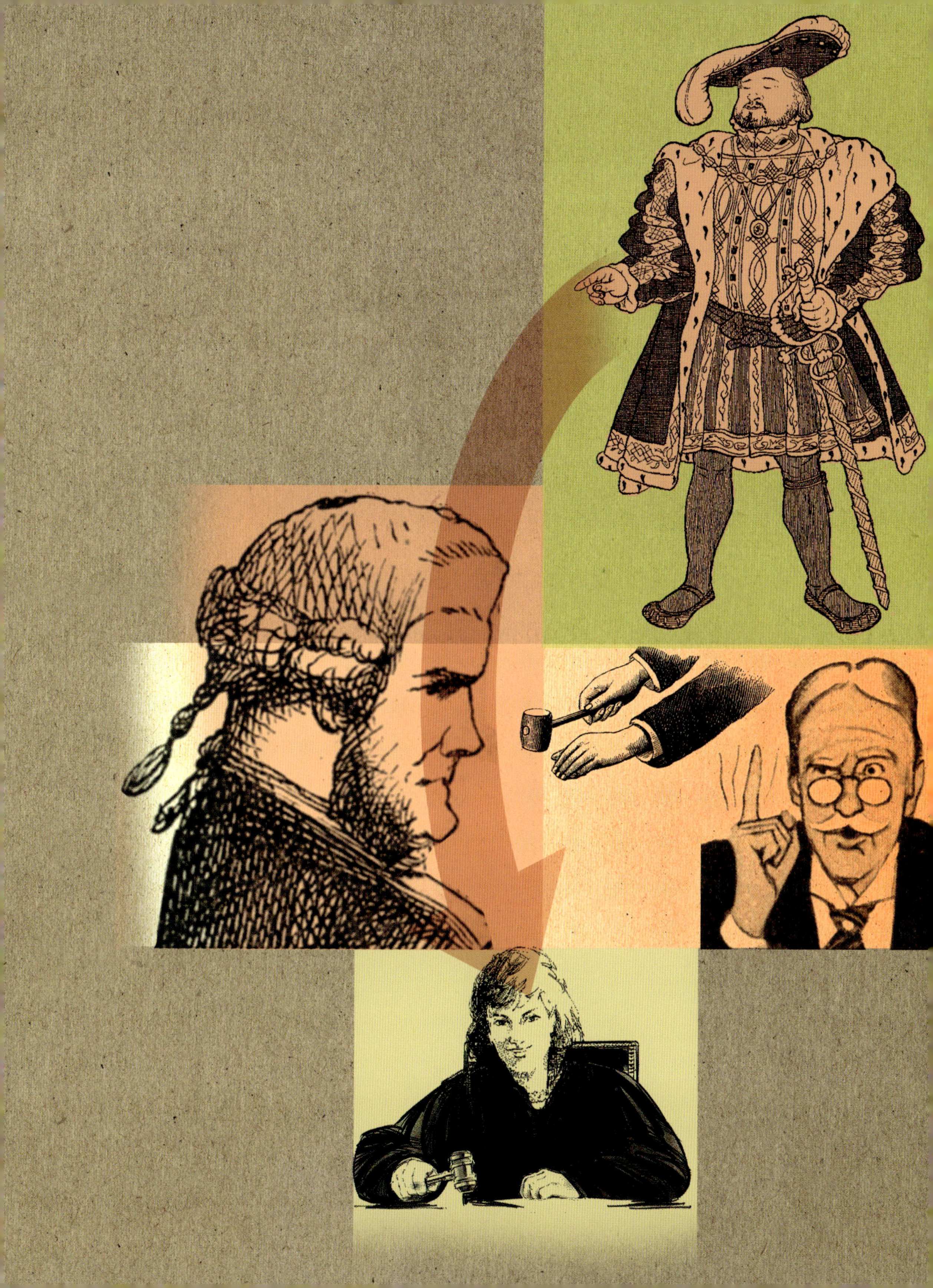

SEPARAÇÃO DE PODERES

A separação de poderes é um modelo de distribuição dos poderes governamentais dentro da democracia que enfatiza a colocação das funções legislativa (criação das leis), executiva (implementação das leis) e judiciária (aplicação das leis) em mãos diferentes. Ele é frequentemente comparado com os sistemas parlamentaristas, que concentram as funções legislativa e executiva no gabinete do primeiro-ministro. Um dos conceitos fundamentais da separação de poderes – e que é considerado um artigo de fé nos Estados Unidos – é que a concentração do poder político representa uma ameaça para a liberdade individual. Se os policiais que *executam* a lei tivessem a liberdade de criar as regras (isto é, agir *legislativamente*) e proceder à punição imediata (isto é, agir *judicialmente*), somente suas consciências impediriam que eles se comportassem mal – uma hipótese que angustiava pessimistas como Montesquieu e James Madison. No contexto norte-americano, não foi a preocupação com os direitos individuais que levou ao sistema de separação de poderes federal. Em vez disso, as três esferas independentes foram concebidas para fortalecer, não enfraquecer, o governo federal. Contrariamente aos governos parlamentaristas, os governos presidencialistas adaptam-se muitíssimo bem ao modelo puro de separação de poderes, embora muitos países em todo o mundo mantenham essas esferas de poder separadas, especialmente a judiciária, ao menos até certo ponto.

DOUTRINA
As *funções* legislativas, executivas e judiciárias estão alojadas em três *instituições* distintas e independentes – mantenha-as separadas.

DISCURSO
A separação de poderes não é um conceito simples nem único – e, na verdade, o conflito e a tensão política estão entranhados no sistema como uma bobina. Os cientistas políticos discordam a respeito do *que* exatamente precisa ser separado, do *grau* em que deve ser separado e dos *efeitos* da separação. Woodrow Wilson chegou a defender que o presidente, o principal *executivo*, tem de ser um líder *legislativo*. Em sua opinião, embora a Constituição americana tivesse criado instituições políticas independentes, as funções de governo – legislativa, executiva e judiciária – estão divididas entre elas.

TEMAS RELACIONADOS
PODER LEGISLATIVO
p. 80
PODER EXECUTIVO
p. 82
PODER JUDICIÁRIO
p. 84

DADOS BIOGRÁFICOS
JOHN LOCKE
1632-1704
pp. 66-7

BARÃO DE MONTESQUIEU
1689-1795
pp. 88-9

JAMES MADISON
1751-1836
Importante artífice da Constituição americana e quarto presidente dos Estados Unidos

CITAÇÃO
Michael E. Bailey

"A concentração de todos os poderes [...] nas mesmas mãos, pertençam elas a uma, algumas ou muitas pessoas, e sejam estas herdeiras, autonomeadas ou eleitas, pode [...] ser anunciada como a definição perfeita de tirania."

JAMES MADISON

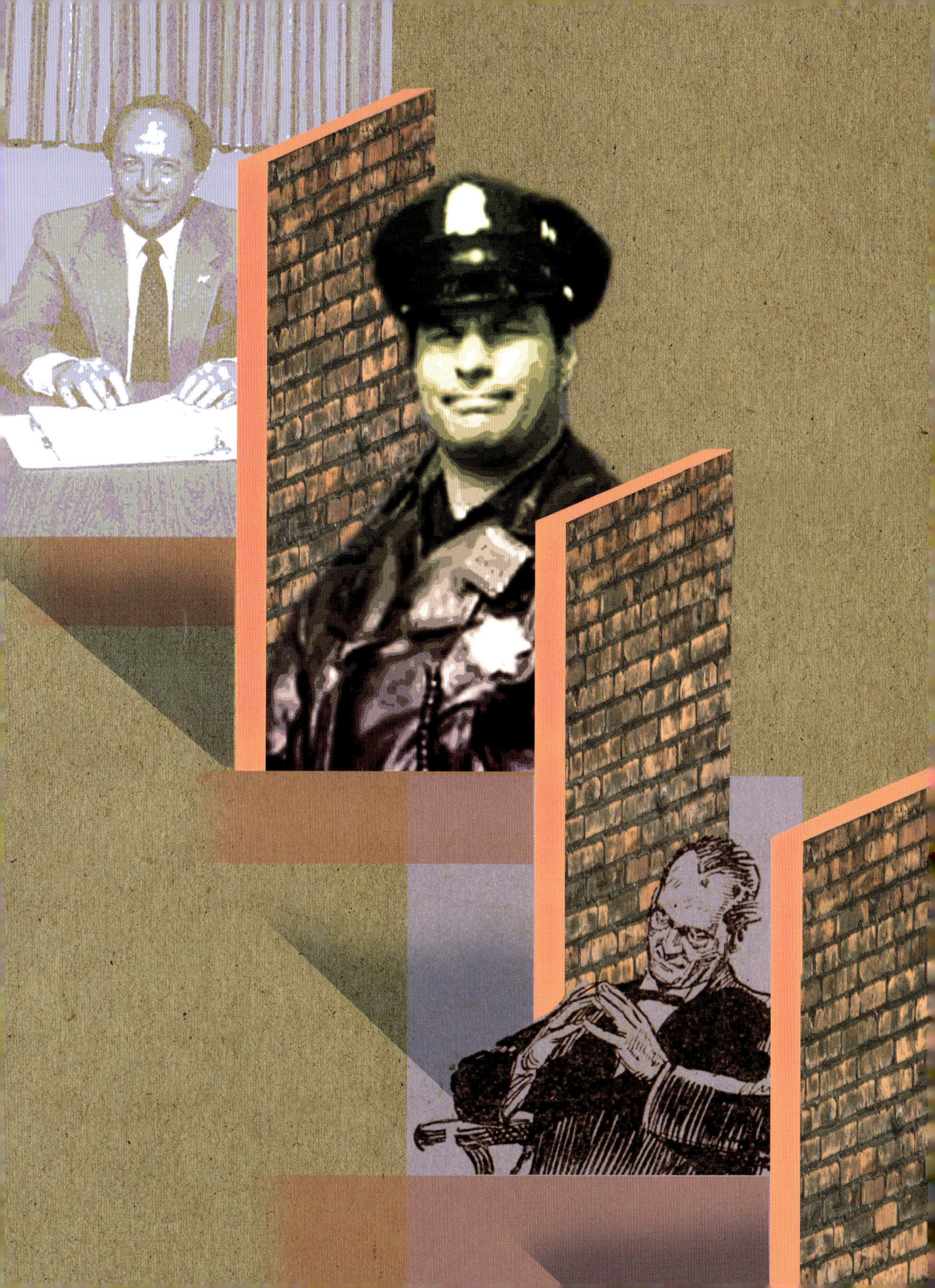

1689
Nasce em La Brède, França

1705
Estuda direito em Bordeaux

1715
Casa-se com Jeanne de Latrigue

1716
Herda do tio o título de barão de La Brède e de Montesquieu e a posição de *président à mortier*

1721
Publica as *Cartas persas*

1728
Deixa a França para viajar

1730
É eleito para a Real Sociedade de Londres

1732
Volta à França

1748
Publica *O espírito das leis*

1755
Morre em Bordeaux

CHARLES-LOUIS DE SECONDAT, BARÃO DE MONTESQUIEU

Homem do Iluminismo cujas opiniões satíricas sobre a sociedade parisiense eram seguidas atentamente, Charles-Louis de Secondat, barão de Montesquieu, será lembrado sobretudo como um filósofo político muito influente.

Montesquieu nasceu em 1689 em La Brède, França. Estudou e trabalhou como conselheiro jurídico até 1716, quando herdou do tio o título de barão de La Brède e de Montesquieu e o cargo jurídico de *président à mortier* no Parlamento de Bordeaux, uma espécie de tribunal de apelação.

Em 1721 Montesquieu publicou as *Cartas persas*, a primeira de suas duas obras mais conhecidas. Escrita na forma de uma série de cartas que narram as experiências de dois nobres persas que viajam de Isfahan a Paris, a obra é a um só tempo uma sátira mordaz dos costumes e das modas da Paris de então e uma reflexão mais pragmática sobre o papel do governo, da religião, da lei e da natureza do poder.

Em 1725 Montesquieu deixou o cargo de *président à mortier* e, após ter sido eleito para a Academia Francesa em 1728, partiu numa viagem por Hungria, Turquia, Alemanha e Inglaterra, com o único propósito de estudar as instituições jurídicas, sociais e governamentais desses países.

Ele retornou à França em 1732 e começou a escrever sua obra mais célebre, *O espírito das leis*. Publicado em 1748, o tratado é uma obra de antropologia e filosofia política, social e jurídica. As teorias de Montesquieu sobre o governo são extremamente importantes. Para ele existem três tipos de governo: monárquico, despótico e republicano. O primeiro governa subordinado ao sentimento de honra; o segundo, por meio do medo; e o terceiro, por meio de uma constituição. Além disso, a fim de impedir qualquer abuso de poder, ele defendia a separação do Executivo, do Legislativo (o qual, segundo ele, deveria ser composto de duas casas) e do Judiciário – essa "separação de poderes" é a base da Constituição americana.

FREIOS E CONTRAPESOS

DOUTRINA
Os freios e contrapesos unem (ao menos um pouco) o que a separação de poderes afastou.

DISCURSO
Ao exigir que haja comunhão entre as esferas para que as coisas sejam feitas (por exemplo, o presidente e o Senado têm de estar de acordo em relação aos tratados), os freios e contrapesos podem muitas vezes gerar conflito entre as esferas. Quando os conflitos entre elas são tão prolongados que impedem que o governo faça seu trabalho, chamamos isso de impasse. Todas as democracias constitucionais devem decidir se querem dar ênfase ao governo majoritário eficaz – típico dos sistemas parlamentaristas – ou se querem limitar os poderes do governo – típico dos freios e contrapesos.

Quando você é vacinado, uma gota contendo um agente causador de doença é introduzida na corrente sanguínea para que o corpo possa desenvolver melhor a imunidade contra aquela enfermidade. É uma estratégia de enfrentar fogo biológico com fogo, por assim dizer. Do mesmo modo, os freios e contrapesos enfrentam constitucionalmente o fogo com fogo ao exigir que as três esferas de governo – Congresso, presidente e os tribunais (no contexto norte-americano) – compartilhem entre si alguns de seus poderes respectivos (Legislativo, Executivo e Judiciário). James Madison, teórico constitucionalista americano do século XVIII, traduziu assim o conceito: "A ambição deve ser preparada para neutralizar a ambição". Quando um esquema de freios e contrapesos funciona tal como planejado, a independência de cada esfera fica preservada. Consequentemente, não se deve confundir os freios e contrapesos com os sistemas parlamentaristas – que fundem os poderes Executivo e Legislativo. O que eles são é uma estratégia de separação de poderes. Embora os freios e contrapesos não sejam uma exclusividade americana, estão exemplificados no sistema americano; a Constituição contém uma grande quantidade de exemplos de freios. Um deles é o veto, que dá ao presidente, o *executivo* mais importante, um bocado de influência *legislativa*. Do mesmo modo, muito embora as questões militares pertençam tradicionalmente à esfera do executivo mais importante do país, a Constituição americana atribui ao Congresso o poder de declarar guerra.

TEMAS RELACIONADOS
SEPARAÇÃO DE PODERES
p. 86
DEMOCRACIA PARLAMENTARISTA
p. 92

DADOS BIOGRÁFICOS
BARÃO DE MONTESQUIEU
1689-1795
pp. 88-9

JAMES MADISON
1751-1836
Importante artífice da Constituição americana e quarto presidente dos Estados Unidos

JOHN MARSHALL
1755-1835
Presidente da Suprema Corte americana que instituiu o poder da Corte de derrubar leis que fossem inconstitucionais

CITAÇÃO
Michael E. Bailey

"Se os homens fossem anjos, o governo não seria necessário. Se os anjos governassem os homens, não haveria a necessidade de controles externos nem internos."
JAMES MADISON

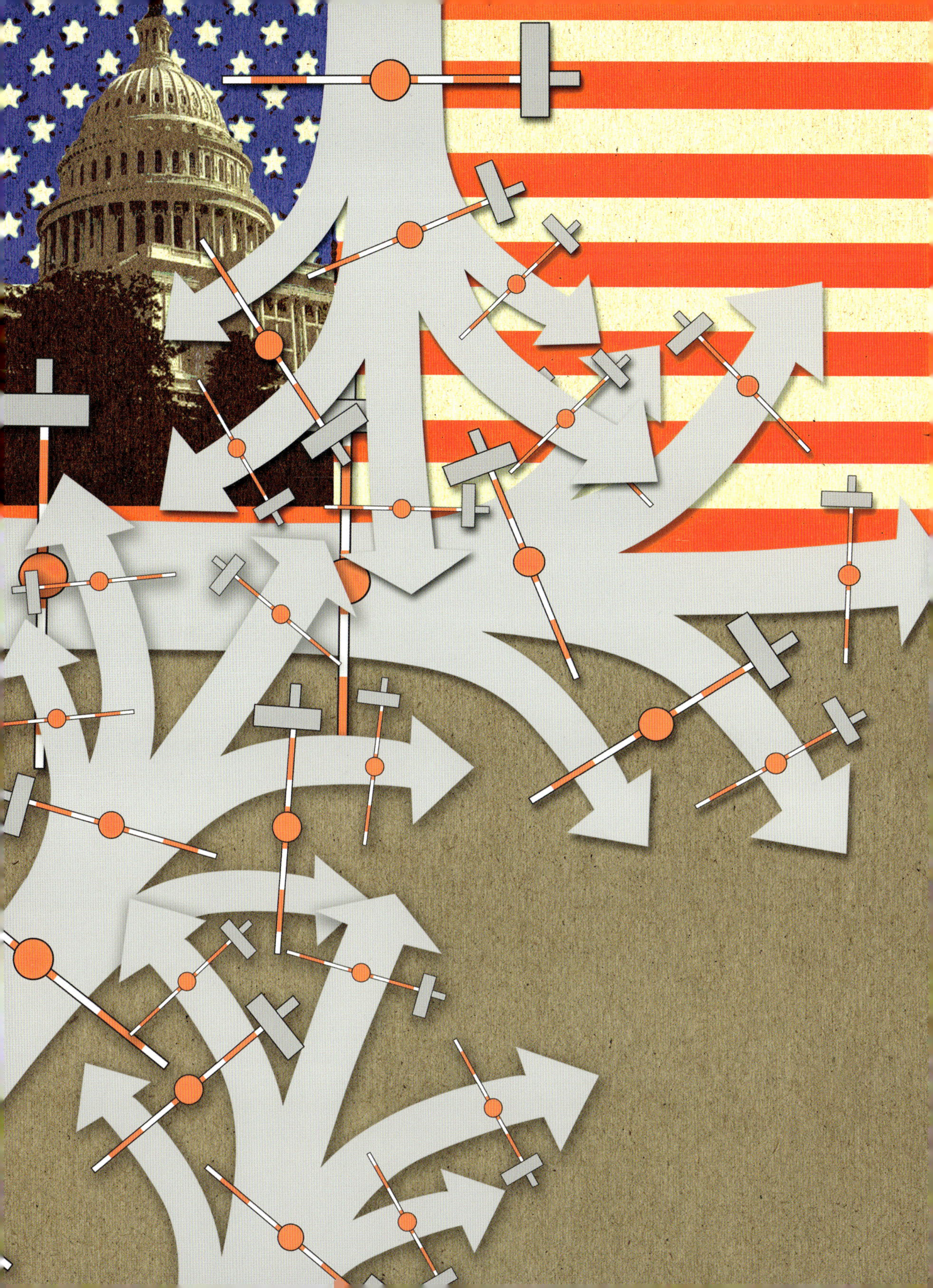

DEMOCRACIA PARLAMENTARISTA

A democracia parlamentarista é um sistema de poderes combinados em que os eleitores elegem o Legislativo e este (com frequência chamado de parlamento) elege o Executivo (conhecido como governo ou gabinete). É diferente do sistema de separação de poderes (como o presidencialismo), em que os próprios eleitores elegem o Legislativo e o Executivo. No sistema parlamentarista, geralmente o chefe de governo é chamado de primeiro-ministro, e os membros do gabinete são chamados de ministros. Nesse sistema, normalmente os ministros são membros do Legislativo, diferentemente do que acontece nos sistemas presidencialistas, em que os membros do gabinete ou ministério em geral não podem ser membros do Legislativo. O primeiro-ministro e o gabinete ficam no cargo enquanto conseguirem manter a confiança da maioria dos legisladores. Se a confiança for perdida, será preciso formar um novo gabinete – uma medida que poderá exigir a convocação de novas eleições. Quanto maior o número de partidos no Legislativo, mais complicada é a criação dessas maiorias. No sistema parlamentarista, o chefe de Estado não é o primeiro-ministro, e sim um monarca constitucional (como na Grã-Bretanha e na Espanha) ou, então, essa função é ocupada por um presidente indicado ou por outro funcionário público (como na Alemanha e em Israel).

DOUTRINA
Sistema em que os eleitores elegem o Legislativo e este nomeia o Executivo.

DISCURSO
No sistema parlamentarista, o calendário eleitoral não é fixo, isto é, embora exista um limite máximo de anos entre as eleições, também é possível convocar eleições antecipadas, seja devido ao já mencionado voto de censura (p. 79), seja porque a liderança do partido majoritário acredita que novas eleições lhe dariam a oportunidade de aumentar o tamanho da maioria governamental (assim como prolongar seu tempo no poder).

TEMAS RELACIONADOS
DEMOCRACIA
p. 24
PODER LEGISLATIVO
p. 80
PODER EXECUTIVO
p. 82
SEPARAÇÃO DE PODERES
p. 86

DADOS BIOGRÁFICOS
WALTER BAGEHOT
1826-1877
Ensaísta britânico

AREND LIJPHART
1936-
Professor emérito da Universidade da Califórnia, San Diego

CITAÇÃO
Steven L. Taylor

"Nenhum governo pode estar seguro por muito tempo sem uma oposição que imponha respeito."
BENJAMIN DISRAELI

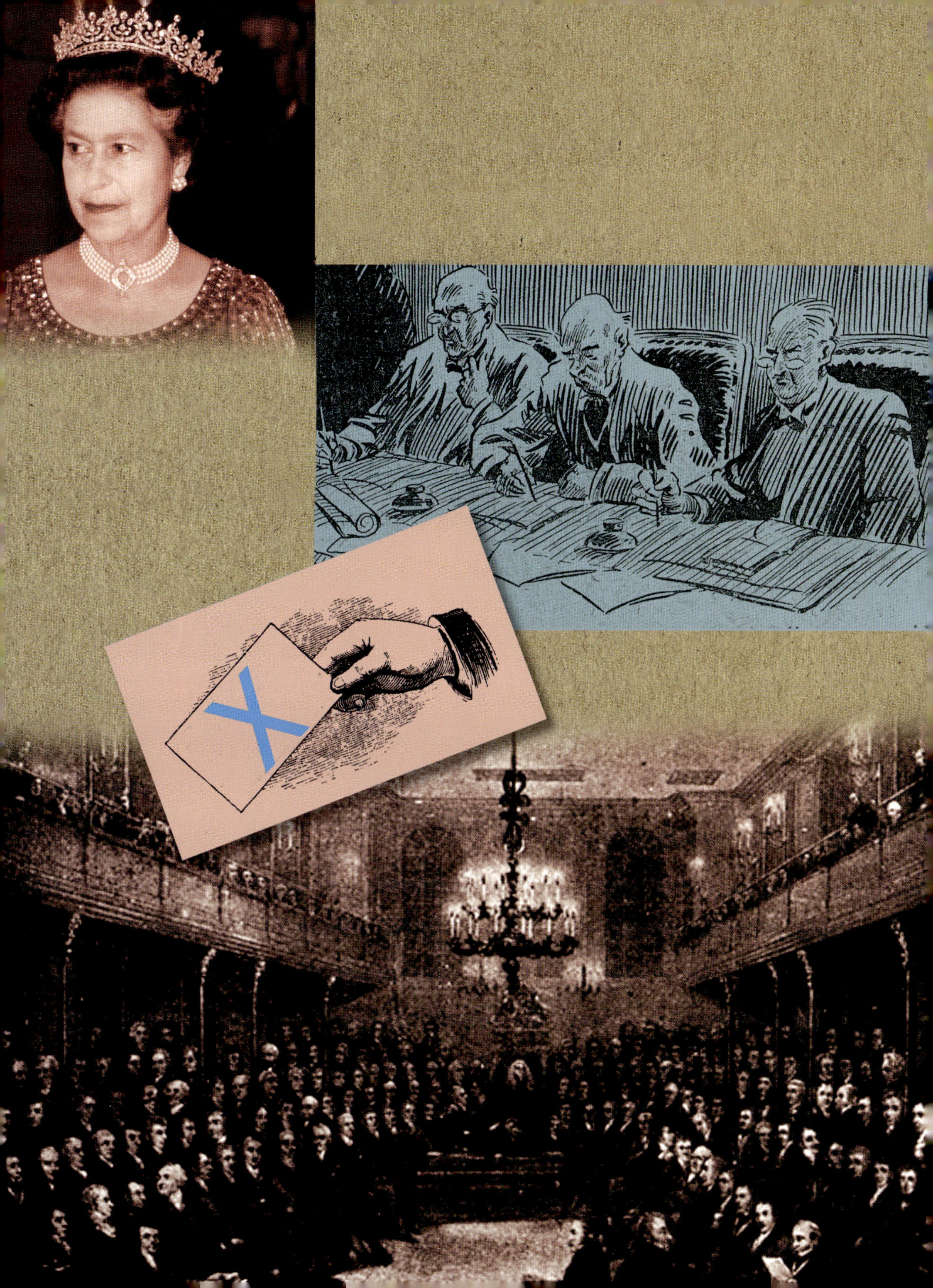

FEDERALISMO

O federalismo é um sistema de administração territorial em que o poder político é dividido entre o governo central – localizado na capital – e as subdivisões do país (para as quais existem vários nomes, como estados, cantões e províncias). Embora o poder supremo de governar o país como um todo fique com o governo central (tais como o poder de controlar o sistema monetário ou se envolver em assuntos de política externa), as subunidades dispõem de uma porção significativa de autonomia política (como a criação e a manutenção de escolas ou elementos de justiça criminal). Existe uma probabilidade maior de que o federalismo ocorra em países extensos, como Austrália, Brasil, Canadá, Índia e Estados Unidos, ou em países com divisões internas (idiomas diferentes, por exemplo) mas que também estão unidos territorialmente, como Bélgica e Suíça. Para aferir exatamente o grau de poder da subunidade é fundamental saber o montante da renda total nacional controlado pela subunidade com relação ao do governo central. O federalismo deve ser comparado a um Estado unitário, em que o poder de implementar políticas pertence ao governo central, e a um sistema confederado, em que as subunidades controlam o governo central.

DOUTRINA
O federalismo divide o poder de implementar políticas entre um governo nacional e suas subdivisões territoriais, com cada nível exercendo controle dentro de sua esfera política determinada.

DISCURSO
Pode-se dizer que o federalismo foi criado por meio do compromisso político alcançado na convenção constitucional da Filadélfia de 1787. Os treze estados estavam operando de acordo com a primeira Constituição americana (conhecida como Artigos da Confederação) desde a independência da Grã-Bretanha, e isso não funcionava bem porque os estados tinham poder demais e o governo central tinha muito pouco. O compromisso foi um sistema em que determinados poderes seriam cedidos ao governo central, enquanto outros seriam mantidos pelos estados.

TEMAS RELACIONADOS
DEMOCRACIA REPRESENTATIVA
p. 58
ESTADO UNITÁRIO
p. 96

DADOS BIOGRÁFICOS
WILLIAM H. RIKER
1920-1993
Cientista político americano

DANIEL J. ELAZAR
1934-1999
Cientista político americano

ALFRED STEPAN
1937-
Professor de ciência política da Universidade de Colúmbia

CITAÇÃO
Steven L. Taylor

"[O federalismo deveria] sustentar a busca vigorosa dos objetivos comuns ao mesmo tempo que mantém a integridade respectiva de todas as partes."

DANIEL J. ELAZAR

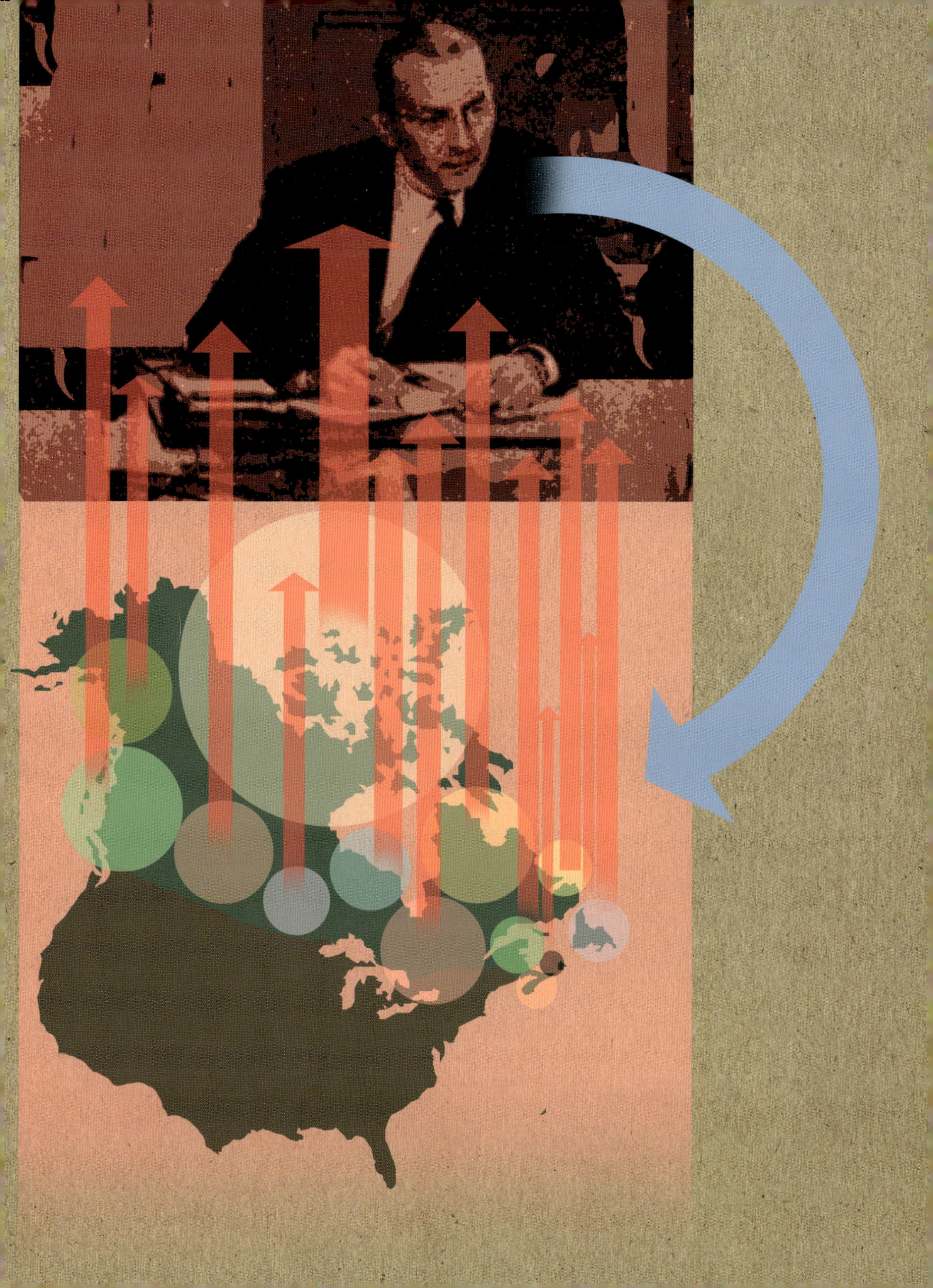

ESTADO UNITÁRIO

Sistema unitário é aquele em que o governo central detém todo o poder sobre os governos regionais, embora possa lhes delegar autoridade – bem como modificá-la ou retirá-la totalmente – se quiser. O governo central geralmente fica localizado na capital, tornando-se o principal símbolo de poder político do país. Mesmo quando os governos regionais dispõem de autoridade para aprovar e executar leis, esse poder só é mantido na medida em que o governo central assim o permitir. Por exemplo: o governo do Reino Unido concede autonomia à Escócia, ao País de Gales e à Irlanda do Norte, mas também pode revogá-la (e de fato o governo central tem agido assim periodicamente). A maioria dos países do mundo – mais de 70% – possui sistemas unitários. Esse sistema apresenta uma vantagem importante e perceptível: os limites da autoridade política são bastante claros, sem a confusão que pode surgir quando diferentes níveis de governo têm funções sobrepostas e contestadas. Além disso, o sistema unitário afasta ou reduz bastante as lealdades conflitantes que correspondem aos governos locais, embora, naturalmente, não elimine as identidades nacionais preexistentes (como no caso britânico).

DOUTRINA
O governo central tem o poder total de conceder e de tirar a autonomia dos governos regionais.

DISCURSO
Os Estados unitários diferenciam-se dos sistemas federativos, em que os governos estaduais dispõem de amplos poderes que não podem ser revogados pelo governo central. Embora os dois níveis de governo muitas vezes se oponham, ciosos de sua autoridade relativa, ambos possuem prerrogativas independentes.

TEMA RELACIONADO
FEDERALISMO
p. 94

DADOS BIOGRÁFICOS
WILLIAM H. RIKER
1920-1993
Cientista político americano que estudou a história do federalismo

DANIEL J. ELAZAR
1934-1999
Cientista político e teórico americano que se especializou no federalismo

CITAÇÃO
Gregory Weeks

"A crise do Estado unitário estimulou o renascimento de uma confusa ideologia patriótica."
ANTONIO GRAMSCI

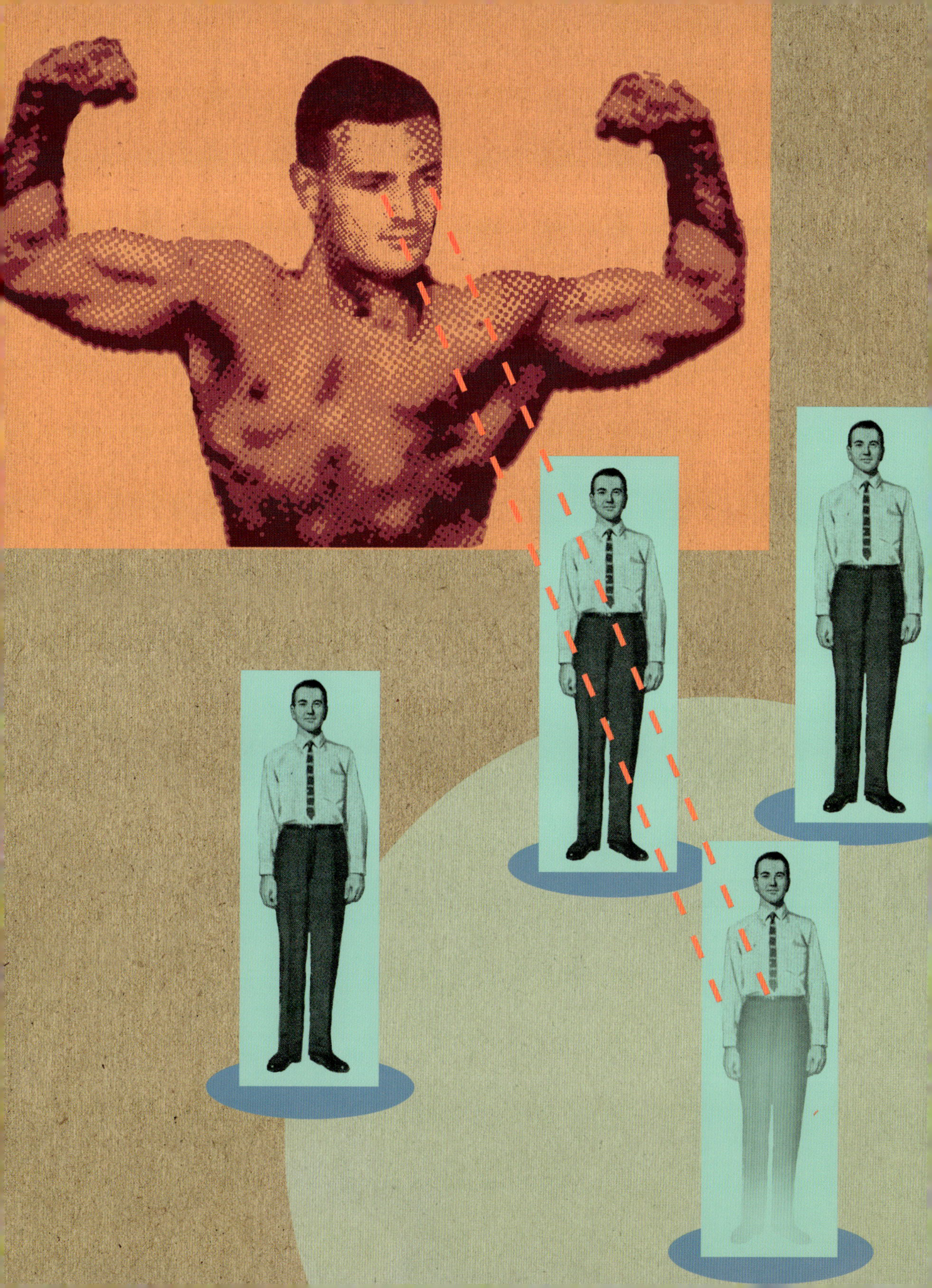

COMUNISMO

COMUNISMO
GLOSSÁRIO

burguesia Termo associado mais frequentemente ao marxismo para definir os proprietários dos meios de produção, ou seja, as classes capitalistas médias e altas. A teoria marxista tem como ponto central a noção de que a exploração do proletariado pela burguesia acabará resultando na revolução e na criação de uma sociedade sem classes.

consciência revolucionária Consciência da e crença na possibilidade e nas vantagens possíveis da revolução. De acordo com a teoria marxista-leninista, para que a revolução aconteça é preciso informar o proletariado acerca da imoralidade e da exploração do sistema imperialista capitalista, mostrar como o comunismo criaria uma sociedade mais justa e sem classes e convencê-lo de que é possível realizar a revolução.

controle do Estado Administração (e, quando for relevante, propriedade) de qualquer entidade política, social ou empresarial pelo governo central. O termo é em geral associado, embora não de forma exclusiva, aos países socialistas e comunistas (frequentemente com traços opressivos e autoritários, no caso destes últimos).

ditadura do proletariado Na teoria marxista-leninista, período logo após a revolução durante o qual o proletariado disporia de um poder absoluto para desmantelar completamente o sistema capitalista, eliminar toda oposição e redistribuir os meios de produção. A ditadura do proletariado estaria então em condições de dar lugar a uma sociedade comunista.

Grande Salto para a Frente Amplo programa econômico implantado por Mao Tsé-tung em 1958, numa tentativa de modernizar a base agrícola e industrial da China. Com base na coletivização em nível nacional, foram implantadas dezenas de milhares de comunas, cada uma com 5 mil famílias, que receberam metas de produção de aço e de cereais. A velocidade do programa, uma força de trabalho inexperiente e a impressionante revolta social resultaram numa produção industrial de baixa qualidade; condições climáticas desfavoráveis contribuíram para uma produção agrícola medíocre em 1959 e 1960. Em 1961, quando o programa chegou ao fim, 40 milhões de pessoas haviam morrido de fome.

Khmer Vermelho Facção comunista radical que, sob o comando de Pol Pot, assumiu o controle do Camboja em 1975 e instituiu a República Popular do Camboja. O objetivo do Khmer Vermelho era criar uma economia inteiramente agrária. O país foi isolado de qualquer contato com o exterior, as pessoas foram retiradas à força das cidades para trabalhar nas fazendas coletivas, as famílias foram separadas e os intelectuais e as classes instruídas foram torturados e executados. Quando o regime caiu, em 1978, cerca de 2 milhões de pessoas haviam morrido devido à prisão, ao esgotamento e à fome.

proletariado Termo utilizado na teoria marxista para definir a classe trabalhadora; como o proletariado não possui os meios de produção, ele tem de vender sua força de trabalho para sobreviver. Embora a teoria marxista afirmasse que a revolução proletária espontânea ocorreria devido à exploração burguesa, Vladimir Lênin descobriu que a exploração colonial imperialista permitia que a burguesia oferecesse aos trabalhadores nacionais um padrão de vida suficientemente elevado que impedia a revolução. Ele sugeriu que, para que esta ocorresse, revolucionários profissionais dedicados teriam de liderar o proletariado.

Revolução Cultural Violenta campanha ideológica instigada por Mao Tsé-tung em 1966 na República Popular da China; durou dez anos. Embora a campanha inicialmente tivesse procurado desmascarar os indivíduos elitistas e liberais (e adversários políticos de Mao) do Partido Comunista Chinês, ela se espalhou rapidamente, tornando-se uma iniciativa de âmbito nacional cujo objetivo era restaurar o fervor revolucionário e eliminar todos os elementos intelectuais e burgueses. Escolas foram fechadas, milhões de pessoas instruídas foram enviadas para campos de trabalho e dezenas de milhares foram executadas pela Guarda Vermelha.

Sendero Luminoso Facção comunista peruana que surgiu no final dos anos 1960. Seu objetivo era derrubar o governo peruano e implantar um Estado comunista. De natureza maoísta, o Sendero Luminoso pretendia fazer uma revolução cultural e eliminar todos os elementos elitistas e burgueses. Em 1980, o movimento partiu para a luta armada, desencadeou uma guerra de guerrilha contra o Exército peruano e realizou inúmeros assassinatos políticos e atentados a bomba, que resultaram na morte de cerca de 11 mil pessoas. Embora o Sendero Luminoso ainda esteja em atividade, a quantidade de membros do movimento sofreu uma redução nos últimos anos.

COMUNISMO

Embora o comunismo abranja várias doutrinas diferentes (leninismo, maoismo e trotskismo, por exemplo), todas apoiam o compromisso com a filosofia marxista, buscam eliminar as diferenças de classe colocando toda a propriedade sob o controle do Estado e auxiliam os movimentos revolucionários em outros países que procuram se livrar da opressão capitalista. Como o conflito humano básico é o que acontece entre opressores e oprimidos, o comunismo procura pôr fim a essa dominação fortalecendo os trabalhadores e criando uma sociedade sem classes. A sociedade capitalista é intrinsecamente injusta porque os trabalhadores sofrem alienação por serem oprimidos pelos proprietários das empresas; os comunistas querem transformar a ordem social e aplicar os princípios científicos ao governo, ao mesmo tempo que valorizam igualmente cada membro da sociedade. O comunismo tem um compromisso público com as ideias de Karl Marx e deseja ser o único agente legítimo com autoridade na sociedade. O governo assume o controle da economia, da sociedade e de cada família individualmente, numa tentativa de remodelar a sociedade para que a pobreza e a opressão sejam eliminadas. O comunismo precisa de uma classe operária e tem de surgir de sociedades capitalistas preexistentes.

DOUTRINA
Os trabalhadores se revoltam para derrubar o capitalismo e assumir o controle da propriedade em nome do Estado.

DISCURSO
Embora o comunismo prometa eliminar a opressão suprimindo as classes econômicas, a história mostra que a alienação aumentou com a aplicação dos métodos comunistas. O comunismo padece de uma interpretação defeituosa do ser humano, o qual não é definido por um paradigma econômico. A eliminação das classes sociais não eliminou a opressão, mas criou uma nova forma de dominação na qual a sociedade ficou sujeita a um profundo controle do Estado. A tentativa comunista de abolir a alienação levou a uma repressão sem precedentes.

TEMAS RELACIONADOS
MARXISMO
p. 104
LENINISMO
p. 108
MAOISMO
p. 110
SOCIALISMO
p. 120

DADOS BIOGRÁFICOS
ANTONIO GRAMSCI
1891-1937
Teórico político italiano que identificou a hegemonia cultural como uma forma de opressão

DAVID HARVEY
1935-
Teórico socialista e crítico do capitalismo global

CITAÇÃO
G. Doug Davis

"Dizer a verdade é revolucionário."
ANTONIO GRAMSCI

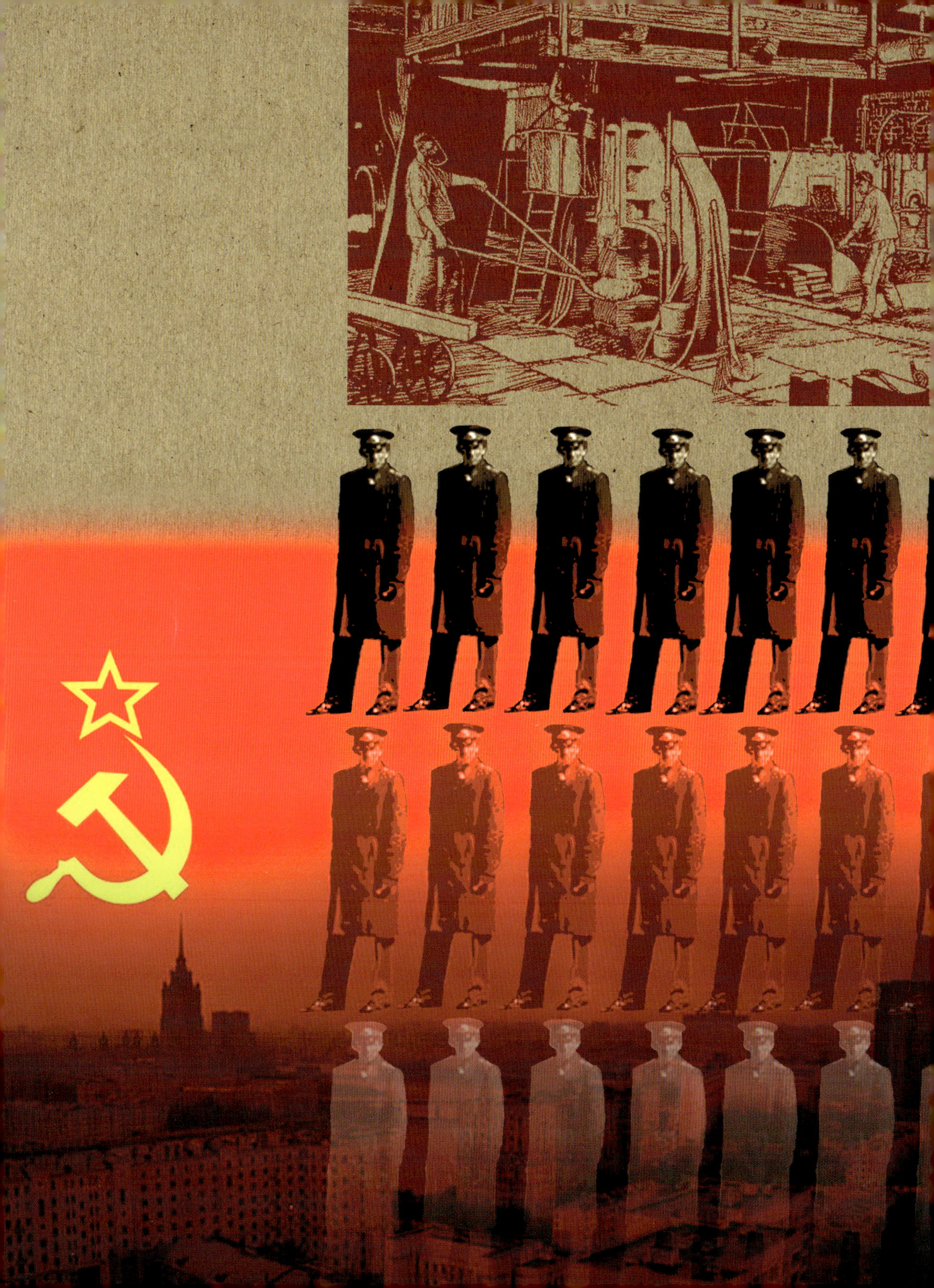

MARXISMO

Marx postulava que a própria história era guiada pelo conflito de classe. Ele acreditava inequivocamente que qualquer período de desenvolvimento político num determinado local era impulsionado pela relação entre uma classe exploradora e a classe explorada, da qual a classe exploradora tirava sua riqueza e seu poder. Essas classes entrariam por fim em conflito, levando a uma transformação revolucionária e a um novo conjunto de exploradores e explorados que, do mesmo modo, entrariam em conflito. Esse processo se repetiria ao longo do tempo até resultar, finalmente, em um comunismo utópico no qual não haveria mais classes e os seres humanos poderiam usufruir os frutos de seu próprio trabalho sem serem explorados. De acordo com Marx, o último estágio do desenvolvimento histórico antes do comunismo era o capitalismo, em que a classe exploradora (a burguesia capitalista) possuía o capital (os meios de produção) e a classe explorada (os trabalhadores, ou proletariado) labutava para manter os capitalistas ricos até reconhecer as circunstâncias em que vivia e derrubar seus senhores. O marxismo representa uma resposta intelectual e política direta à rápida mudança de condições que estava ocorrendo na Europa durante o século XIX como resultado da Revolução Industrial e das novas e complexas relações sociais que surgiam em consequência dela.

DOUTRINA
O conflito de classe move a história sempre para a frente por meio do conflito revolucionário até que a própria história chegue ao fim.

DISCURSO
Marx considerava que o trabalho era fundamental para a natureza humana, e que qualquer sistema que não permitisse ao trabalhador controlar o resultado desse lavor era uma exploração e, portanto, totalmente injusto. A ideia essencial das teorias marxistas era que enquanto os trabalhadores não controlassem inteiramente o produto de seu trabalho os seres humanos não poderiam realizar plenamente sua humanidade. No comunismo utópico, o produto excedente do trabalho humano devia ser partilhado.

TEMAS RELACIONADOS
CONFLITO DE CLASSE
p. 30
COMUNISMO
p. 102
LENINISMO
p. 108

DADOS BIOGRÁFICOS
KARL MARX
1818-1883
pp. 106-7

FRIEDRICH ENGELS
1820-1895
Patrono de Marx e coautor do *Manifesto comunista*

VLADIMIR ILYICH ULYANOV LÊNIN
1870-1924
Líder da Revolução Russa

CITAÇÃO
Steven L. Taylor

"De cada um conforme sua capacidade, a cada um conforme sua necessidade!"

KARL MARX

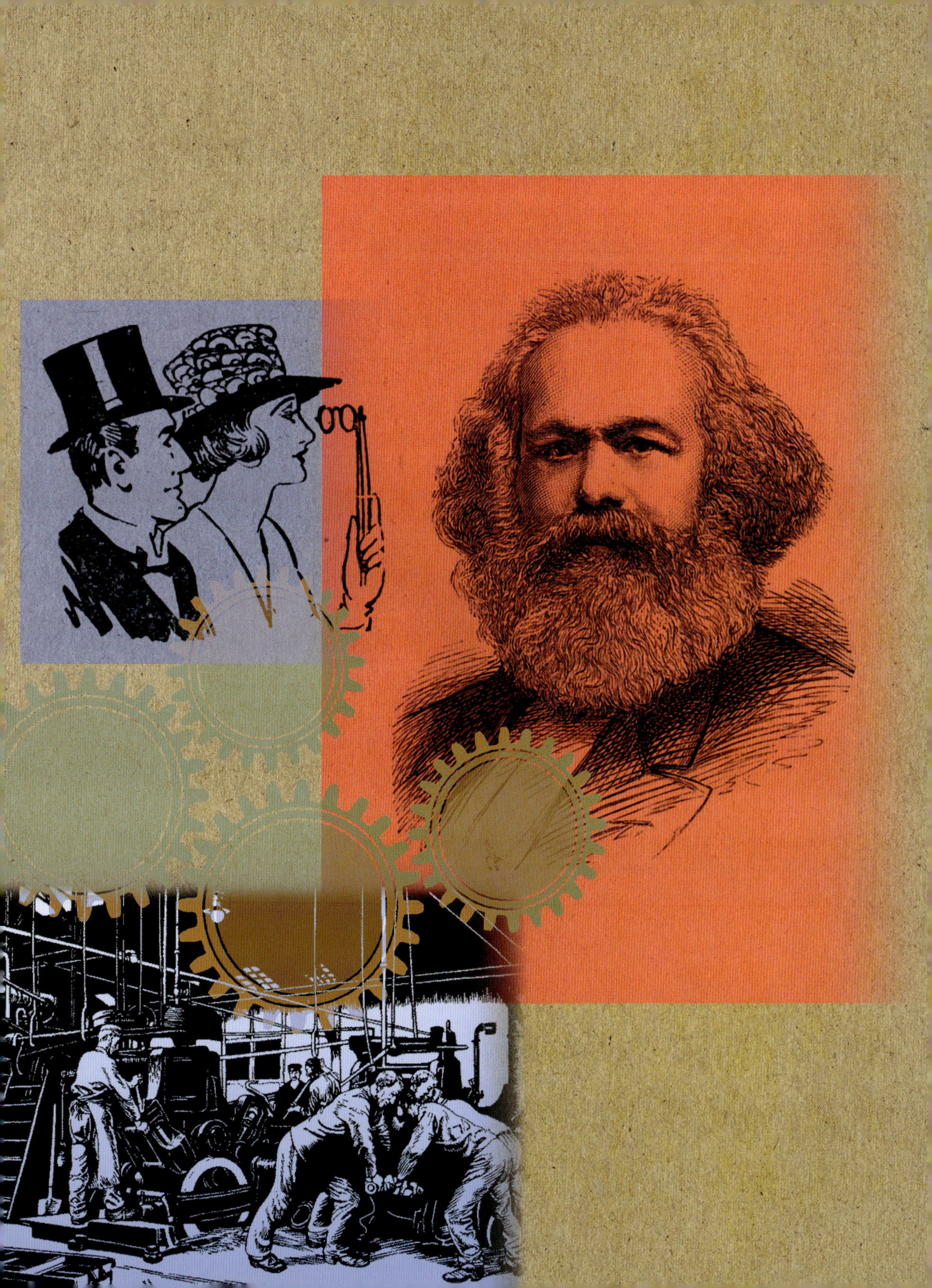

1818
Nasce em Trier, na Prússia

1835
Frequenta a Universidade de Bonn antes de se transferir para a Universidade de Berlim

1841
Doutora-se na Universidade de Jena

1843
Casa-se com Jenny von Westphalen

1848
Publica o *Manifesto comunista*, em colaboração com Friedrich Engels

1849
Muda-se para Londres

1859
Publicação de *Contribuição à crítica da economia política*

1864
É eleito para o Conselho Geral da Primeira Internacional

1867
Publica o primeiro volume de *O capital*

1871
Publica *A guerra civil na França*

1883
Morre em Londres

KARL MARX

Nascido em Trier, Prússia, em 1818, Karl Marx frequentou a universidade em Berlim e, após terminar o doutorado, em 1841, tornou-se editor do jornal pró-democracia *Gazeta Renana*. Sua postura cada vez mais esquerdista e antigovernamental resultou numa rígida censura ao periódico; ele pediu demissão em 1843, mudando-se para Paris a fim de fundar outro jornal. Nos anos 1840 a capital francesa era o centro da revolução europeia, e Marx passou a participar ativamente das reuniões e da vida da classe operária. Foi em Paris que ele estabeleceu uma sólida amizade com Friedrich Engels, com quem escreveu o *Manifesto comunista*. Publicada em nome da Liga Comunista em 1848 – um período de agitação revolucionária generalizada na Europa –, essa obra curta examina a história da luta de classes e apresenta o projeto comunista para derrubar a burguesia capitalista e criar uma sociedade sem classes.

Em 1849, após ter sido expulso da França e da Bélgica, Marx acabou se estabelecendo em Londres, onde, com o apoio financeiro de Engels, começou seus exaustivos estudos do capitalismo, da economia, do comércio e da indústria. Porém, além de teórico político, Marx era um vigoroso ativista, tendo sido eleito em 1864 para o Conselho Geral da Primeira Internacional, cujo objetivo era unir os diferentes grupos de esquerda.

Em 1867 Marx publicou o primeiro volume de *O capital*, uma obra densa e por vezes científica na qual ele delineou os conceitos da mais-valia, da divisão do trabalho e da alienação da classe operária. O capitalismo, concluía ele em sua argumentação, traria sua própria ruína.

Durante aproximadamente a última década de sua vida, em particular após a eliminação brutal da Comuna de Paris em 1871, Marx ficou cada vez mais abatido e, em razão da saúde frágil, não conseguiu terminar o segundo e o terceiro volumes de *O capital* antes de morrer, em 1883, em relativo esquecimento – uma situação quase inconcebível da perspectiva do século XXI.

LENINISMO

Variante do marxismo,

o leninismo é uma doutrina política criada pelo líder bolchevique russo Vladimir Lênin. De acordo com o marxismo, a revolta proletária espontânea só ocorreria no país em que o capitalismo industrial estivesse plenamente desenvolvido. Lênin percebeu que faltavam à Rússia agrária do início do século XX as condições revolucionárias necessárias. A fim de criar uma base teórica pragmática para a transição socialista à época, ele adaptou o marxismo às condições de seu país, transformando o marxismo de teoria utópica em realidade revolucionária. Lênin sugeriu que, durante o período imperialista, países subdesenvolvidos como a Rússia poderiam realizar a primeira revolução proletária em lugar dos países industriais avançados, porque estes últimos, a fim de evitar a revolução, conseguiriam fortalecer o capitalismo e suavizar as relações domésticas entre capital e trabalho utilizando os lucros da exploração colonial. Lênin acreditava que a classe operária só desenvolveria a consciência revolucionária e derrubaria o capitalismo se fosse liderada por uma vanguarda de revolucionários profissionais, provenientes principalmente da *intelligentsia* burguesa. Ele enfatizou a liderança exclusiva do Partido Comunista na tomada do poder e na implantação de um governo da "ditadura do proletariado" até que se consumasse o desaparecimento do Estado.

DOUTRINA
O leninismo propõe um atalho para a utopia marxista – a revolução socialista e a ditadura do proletariado.

DISCURSO
O leninismo nasceu do marxismo. No entanto, tem-se discutido se representa uma contribuição ao marxismo ou uma corrupção deste. Seus detratores argumentam que o leninismo inverteu a ordem da economia precedendo a política ao negar a necessidade da existência de um capitalismo plenamente desenvolvido logo antes da revolução proletária espontânea. Como guia concreto para a revolução proletária, o leninismo influenciaria profundamente o desenvolvimento do comunismo na URSS e em outros lugares durante sete décadas.

TEMAS RELACIONADOS
COMUNISMO
p. 102
MARXISMO
p. 104
MAOISMO
p. 110

DADOS BIOGRÁFICOS
VLADIMIR I. LÊNIN
1870-1924
Revolucionário russo e líder do Estado soviético (1917-24)

CITAÇÃO
Feng Sun

"A classe revolucionária só pode desejar a derrota do seu governo numa guerra reacionária."

VLADIMIR LÊNIN

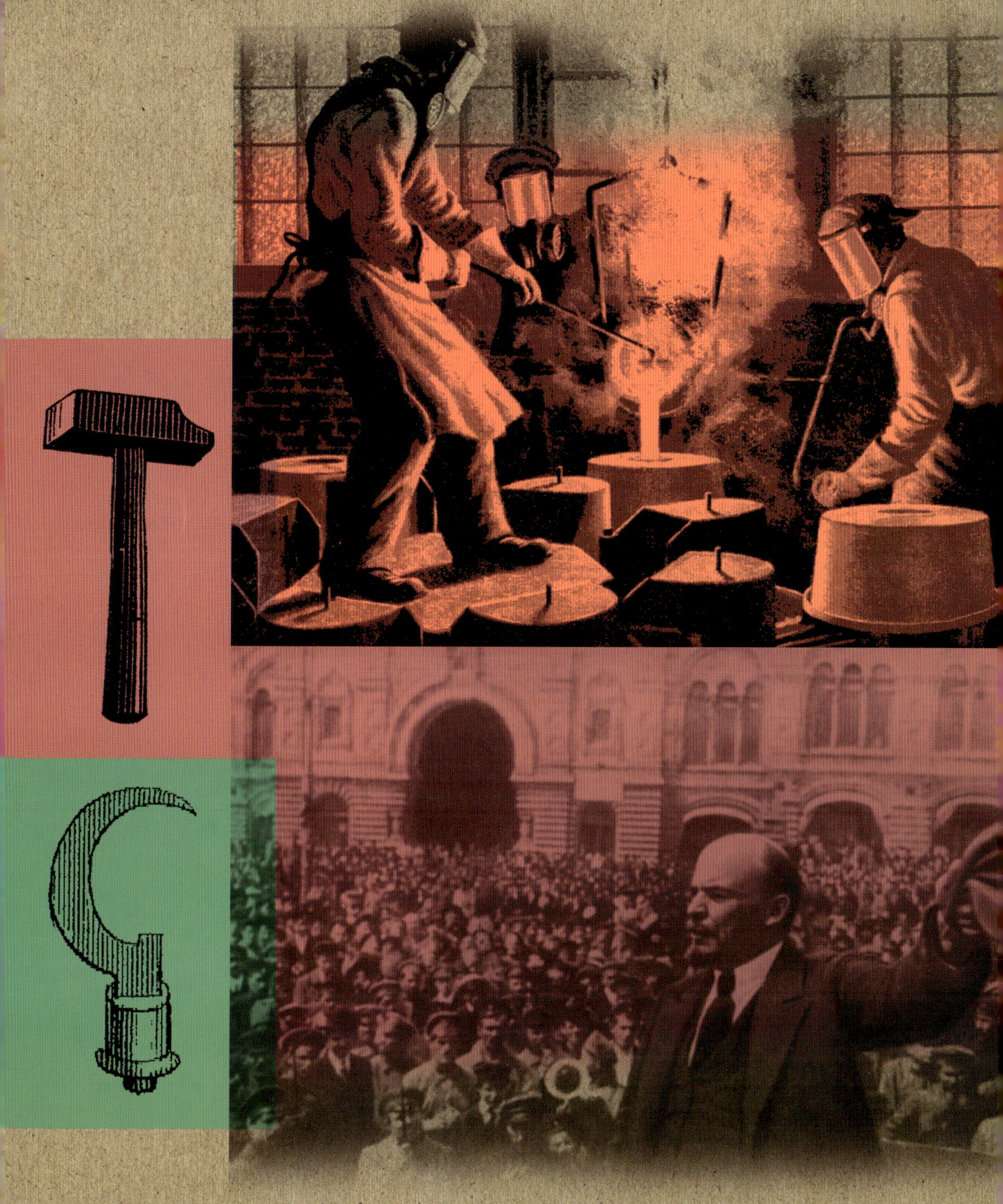

MAOISMO

Maoismo é o termo utilizado

para definir a variante específica de comunismo revolucionário criada por Mao Tsé-tung na China. No emprego mais genérico do termo, refere-se à transformação revolucionária por meio da mobilização do campesinato em vez do proletariado. Assim como Lênin, Mao pegou os preceitos básicos da teoria da luta de classes marxista e adaptou-os à sua realidade. Embora os princípios básicos da visão marxista de progresso da história prescrevessem que a revolução comunista só poderia ocorrer no contexto do capitalismo avançado, Mao acreditava que a teoria poderia ser adaptada à sociedade chinesa de base camponesa dos anos 1930 e 1940. O próprio Mao definia sua abordagem como "marxismo adaptado às condições chinesas". Filho de um criador de porcos relativamente próspero, Mao trabalhou no campo quando era criança, o que lhe permitiu entrar em contato direto com a vida dos camponeses. Um dogma fundamental do maoismo era a revolução permanente, incluindo o uso da violência: como o progresso era sinônimo de turbulência, a revolução nunca terminava de todo. Mao opunha-se veementemente ao elitismo, mesmo no interior do Partido Comunista Chinês. Embora na China o maoismo tenha desaparecido com a morte de seu líder, em outros lugares ele continuou sendo a teoria preferida de grupos revolucionários, entre eles o Khmer Vermelho, no Camboja, e o Sendero Luminoso, no Peru.

DOUTRINA
Os camponeses se insurgem contra seus senhores feudais para criar um Estado comunista.

DISCURSO
Mao foi um dos membros fundadores do Partido Comunista Chinês quando o Comintern, baseado em Moscou, o criou em 1921. Em 1949, ele se autoproclamou presidente da recém-criada República Popular da China. Livre da interferência russa, usou do medo, da manipulação, da propaganda e dos esquadrões da morte para moldar o país à sua própria imagem: anti-intelectualismo, antielite, antitradição. Supervisionou o Grande Salto para a Frente (destruição dos métodos tradicionais de cultivo) e a Revolução Cultural (destruição do intelectualismo).

TEMAS RELACIONADOS
COMUNISMO
p. 102
MARXISMO
p. 104
LENINISMO
p. 108

DADOS BIOGRÁFICOS
MAO TSÉ-TUNG
1893-1976
Primeiro presidente da República Popular da China

DENG XIAOPING
1904-1997
Secretário-geral do Partido Comunista Chinês

CITAÇÃO
Steven L. Taylor

"A guerrilha tem de se movimentar em meio à população como um peixe no mar."

MAO TSÉ-TUNG

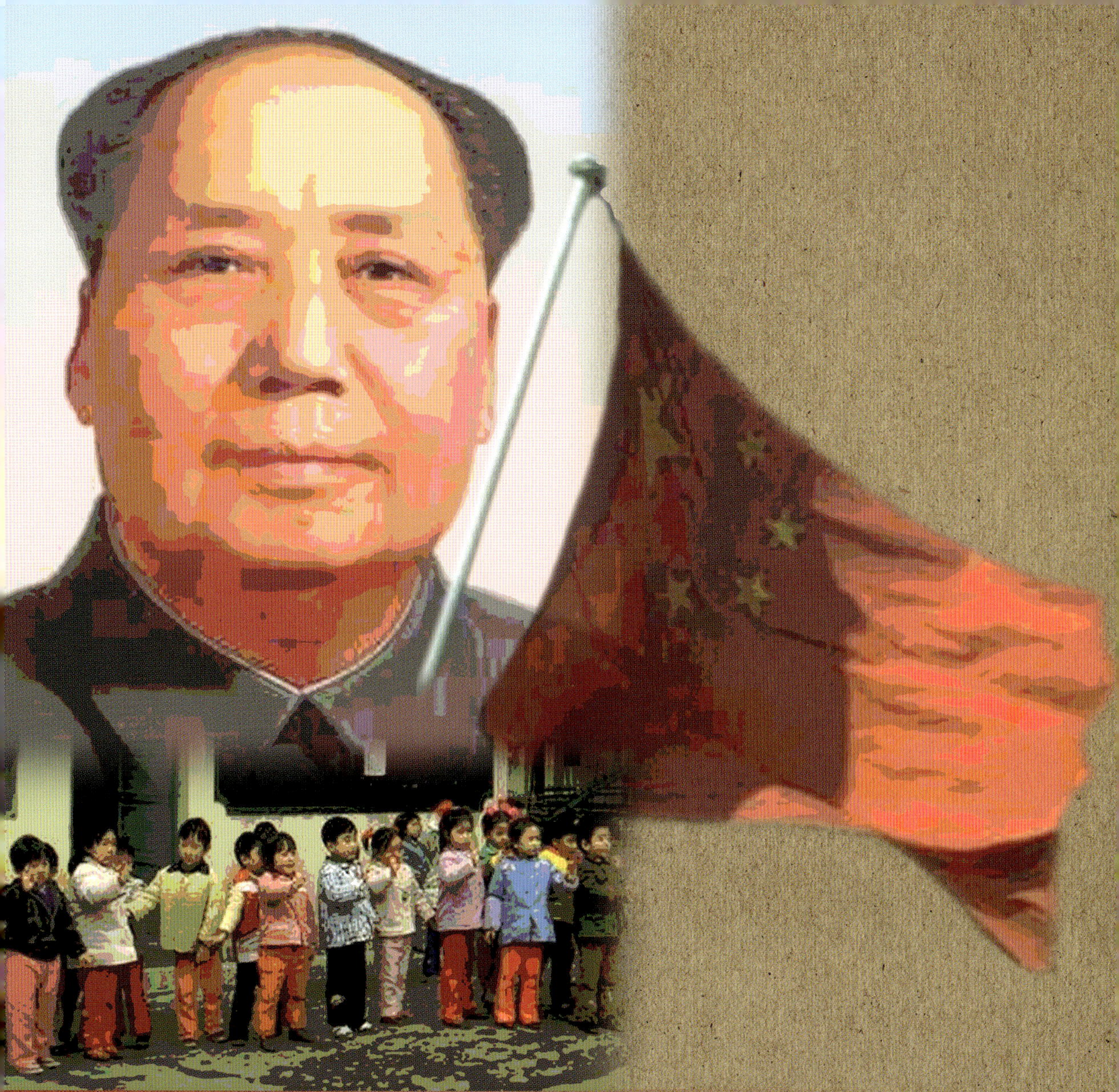

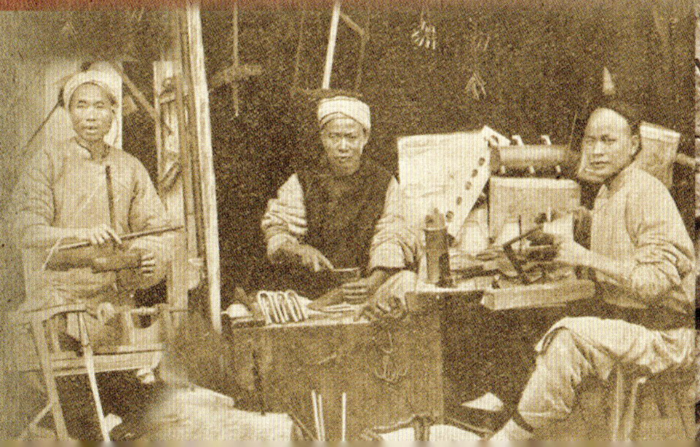

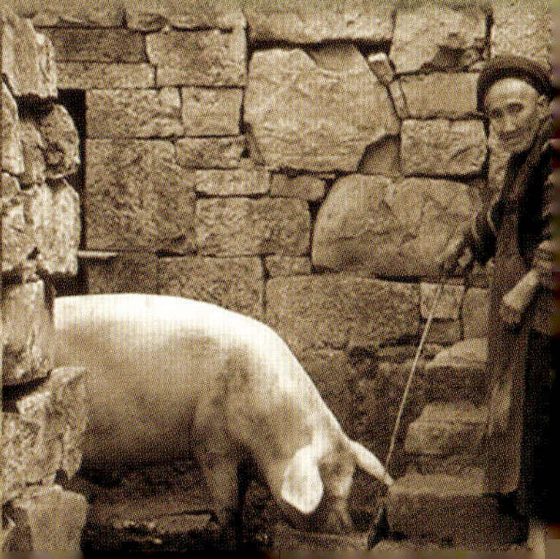

ANARCOSSINDICALISMO

Os governos são intrinsecamente injustos porque protegem a propriedade privada e mantêm o domínio dos ricos sobre os pobres. Como nenhuma autoridade do Estado tem condições de amparar os trabalhadores nem melhorar suas condições de vida, a única solução é eliminar o governo. O anarcossindicalismo propõe uma revolução em que os trabalhadores assumam o controle das empresas e das indústrias e destruam toda autoridade fora dos sindicatos de trabalhadores. A nova ordem social não terá um governo, nem mesmo um grande sindicato de trabalhadores; ela será composta por grupos independentes de trabalhadores que administram e controlam cada empresa independentemente. Os sindicatos resultantes desse modelo serão estruturados de modo a que cada trabalhador tenha o mesmo direito de opinar e votar quando se tomarem decisões sobre o funcionamento da organização. O anarcossindicalismo procura eliminar as classes sociais, o capitalismo, a propriedade privada e todas as formas de autoridade social, inclusive a fé religiosa, para transferir poder aos trabalhadores individualmente. O comunismo não oferece um modelo capaz de libertar o proletariado porque propõe uma autoridade central que atua em seu nome. O anarcossindicalismo procura eliminar as classes econômicas ao mesmo tempo que fortalece os trabalhadores para que tomem suas próprias decisões, sem nenhuma influência ou controle externo.

DOUTRINA
A proposta do anarcossindicalismo é uma revolução popular que elimine o Estado e fortaleça os sindicatos de trabalhadores.

DISCURSO
O anarcossindicalismo faz uma crítica contundente ao comunismo ao mostrar que os trabalhadores continuarão sendo oprimidos por meio do poder político centralizado. A correção desse equívoco cria problemas porque as relações entre os sindicatos de trabalhadores não serão automaticamente harmoniosas. A eliminação da autoridade política central também afasta os instrumentos para decidir as disputas que surgiriam entre os sindicatos, impedindo, assim, que o objetivo da unidade social seja alcançado.

TEMAS RELACIONADOS
LIBERTARIANISMO
p. 72
MARXISMO
p. 104
SOCIALISMO
p. 120

DADOS BIOGRÁFICOS
PIERRE-JOSEPH PROUDHON
1809-1865
Anarquista francês que escreveu que a propriedade é um roubo

NOAM CHOMSKY
1928-
Linguista norte-americano, ativista político e defensor do anarcossindicalismo

CITAÇÃO
G. Doug Davis

"Infelizmente, não é possível tirar os canalhas por meio do voto, porque, em primeiro lugar, eles nunca foram eleitos."
NOAM CHOMSKY

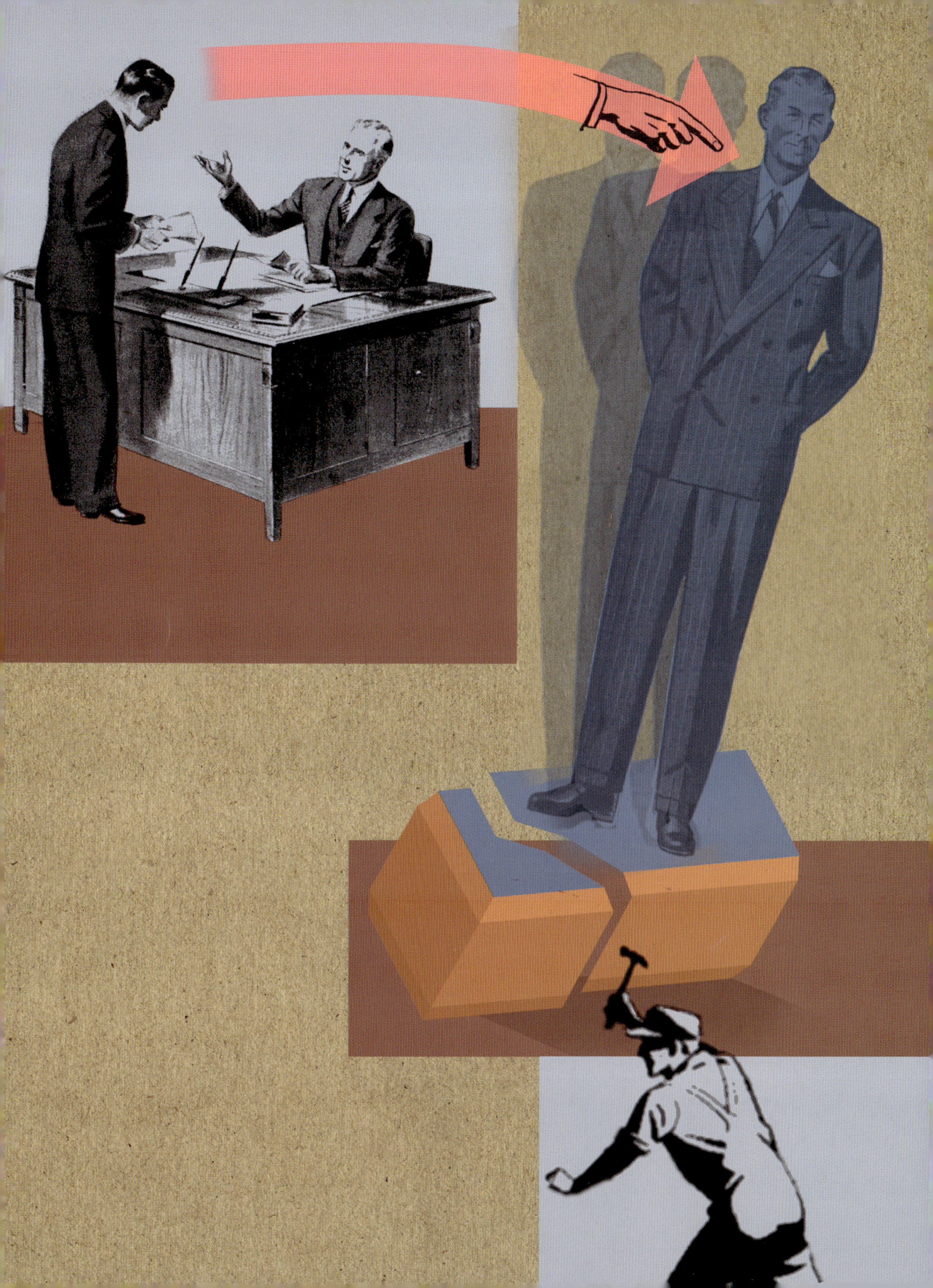

ECONOMIA POLÍTICA

ECONOMIA POLÍTICA
GLOSSÁRIO

comércio justo Movimento socioeconômico cujo objetivo é melhorar as condições de trabalho e de comércio dos trabalhadores e camponeses dos países em desenvolvimento envolvidos na produção ou fabricação de bens que são exportados para os países desenvolvidos.

desregulação Processo, na economia, de remoção das restrições e regulações governamentais para criar um mercado mais livre.

economia socialista de mercado Qualquer sistema econômico em que o capital e os meios de produção pertencem a cooperativas ou ao Estado, mas no qual as forças do mercado, baseadas na oferta e na procura e em um sistema de preços livre, definem a produção.

estagflação Contração de "estagnação" e "inflação". Na ciência econômica, uma situação de baixo crescimento conjugada com inflação e desemprego altos. Considerada outrora uma situação quase impossível (uma vez que o desemprego geralmente vem acompanhado de inflação baixa, e vice-versa), a crise do petróleo dos anos 1970 fez com que os preços subissem bruscamente ao mesmo tempo que reduziu o ritmo da economia.

laissez-faire ("deixai fazer", em francês) Termo econômico utilizado para descrever um mercado livre da intervenção do governo. A frase data do final do século XVII, mas foi escolhida e popularizada pelos economistas clássicos em meados do século XIX. Ver também *livre mercado*.

livre mercado Economia de mercado em que não existe interferência do governo na forma de regulação ou subsídio. No livre mercado os preços são determinados unicamente pelo princípio da oferta e da procura.

macroeconomia A economia de uma grande entidade socioeconômica como um Estado ou uma região, um país, um conjunto de países ou mesmo a economia global. A macroeconomia ocupa-se de fenômenos agregados de larga escala como renda nacional, taxa de crescimento, inflação e Produto Interno Bruto (PIB). A macroeconomia diferencia-se da microeconomia, que diz respeito à economia no nível das empresas e dos indivíduos.

mão invisível Na ciência econômica, termo usado pela primeira vez por Adam Smith para descrever como um livre mercado se regula por meio da concorrência, do equilíbrio entre oferta e procura e do fato de que todos os participantes procuram maximizar seu interesse próprio. O conceito foi descrito como a versão econômica da teoria de Darwin da seleção natural.

monetarismo Teoria econômica que sustenta que a quantidade de dinheiro em circulação numa economia determina indicadores econômicos fundamentais como produção nacional, inflação e estabilidade de preços.

nacionalização Transferência para a propriedade pública de qualquer empresa, corporação ou recurso privado. A nacionalização é associada essencialmente aos governos socialistas ou comunistas, sendo considerada por seus defensores como um instrumento para gerar igualdade social e econômica. O governo do Partido Trabalhista britânico que veio após a Segunda Guerra Mundial nacionalizou grande quantidade de atividades importantes, entre elas as ferrovias e as indústrias do aço e do carvão.

oferta e procura Princípio econômico fundamental que determina o preço. Basicamente, o preço de um bem é definido no momento em que a quantidade ofertada iguala a quantidade procurada.

política fiscal Método, na ciência econômica, pelo qual o governo pode moderar a economia por meio dos gastos e dos impostos.

privatização Venda de empresas, corporações ou recursos estatais para o setor privado. Os governos, sejam eles locais ou nacionais, tendem a privatizar para obter recursos, cortar gastos ou criar serviços com uma relação custo-benefício melhor devido à concorrência do livre mercado. Nos anos 1980, os governos dos Estados Unidos e da Grã-Bretanha privatizaram amplas faixas dos ativos estatais como parte do conservadorismo fiscal e sua ideologia desreguladora.

protecionismo Política governamental que restringe o comércio internacional por meio da introdução de tarifas, subsídios ou cotas de importação. O objetivo das ações protecionistas é proteger a indústria doméstica (e os trabalhadores) da competição externa. Os adversários do protecionismo argumentam que, ao longo do tempo, essa política sufoca o crescimento doméstico, levando à redução da produção e do bem-estar econômico.

recessão Na ciência econômica, um período de declínio econômico. Mais precisamente, diz-se que um país está em recessão quando existe uma redução do Produto Interno Bruto (PIB) por dois trimestres consecutivos. Entre os indicadores associados à recessão estão o aumento do desemprego e a queda dos mercados acionários e de habitação.

tarifação Medida protecionista na qual o governo impõe uma taxa sobre os produtos importados. A ideia por trás das tarifas é proteger os produtos domésticos (e, consequentemente, a força de trabalho) das importações possivelmente mais baratas.

CAPITALISMO

Se você vive numa economia capitalista, toda vez que vai ao salão de beleza para arrumar o cabelo ou a uma loja comprar chiclete, ou mesmo se guarda dinheiro debaixo do colchão, está ajudando a definir o preço dos produtos, a taxa de desemprego e os juros que o banco cobra dos clientes. Os países capitalistas confiam nas decisões independentes de agentes privados egoístas – o que inclui tanto os cidadãos como eu e você como as enormes corporações – para alocar os recursos nacionais. O capitalismo é ao mesmo tempo um ideal e um conjunto de instituições e práticas do mundo real que ficam muito aquém desse ideal. Muitos países atualmente, entre eles a maioria das nações da Europa e da América do Norte, são capitalistas porque a posse e a operação dos instrumentos de produção e de troca econômica neles existentes são privadas. Embora os economistas falem em livre mercado, todos os países optaram por uma importante intervenção governamental em suas economias por meio de taxação, de gastos com a seguridade social e de regulações econômicas (entre outros métodos). Onde deve ser traçado o limite entre uma economia capitalista e uma economia mista – ou mesmo uma economia socialista – é algo que está longe de ser consenso entre os estudiosos do assunto.

DOUTRINA
No sistema econômico capitalista, agentes detentores de propriedade privada trocam livremente bens e serviços privados por lucro.

DISCURSO
O capitalismo depende do capital, e o capital é um termo elegante que os economistas criaram para poupança. Esta, por sua vez, exige que a pessoa não ceda diante da nova câmera digital na vitrine do shopping gritando seu nome. Em outras palavras, o capitalismo depende da autodisciplina e do adiamento da gratificação. Ao mesmo tempo, as economias capitalistas bombardeiam diariamente os consumidores para que cedam a suas fantasias hedonistas de consumo. Percebendo essa contradição, pensadores sociais levantaram a hipótese de que o capitalismo contém as sementes de sua própria destruição.

TEMAS RELACIONADOS
LIBERALISMO CLÁSSICO
p. 64
LIBERTARIANISMO
p. 72
KEYNESIANISMO
p. 124
MERCANTILISMO
p. 126

DADOS BIOGRÁFICOS
ADAM SMITH
1723-1790
Economista escocês do livre mercado
FRIEDRICH HAYEK
1899-1992
Economista capitalista austríaco
MILTON FRIEDMAN
1912-2006
Economista americano defensor das ideias de livre mercado

CITAÇÃO
Michael E. Bailey

"A história sugere que o capitalismo é uma condição indispensável para a liberdade política."

MILTON FRIEDMAN

?

SOCIALISMO

Em linhas gerais, o socialismo é uma teoria política e econômica que defende o controle popular de toda a economia ou de setores importantes dela. Diversos tipos de ideias socialistas surgiram ao longo da história; alguns dos primeiros pensadores socialistas, como Henri de Saint-Simon e Robert Owen, defenderam um ideal "socialista utópico" em que colônias autossuficientes se separariam das economias existentes e se voltariam para suas próprias necessidades, isolando-se do resto do mundo. Mais tarde, houve socialistas que defenderam a transformação revolucionária da sociedade para impor uma ordem socialista, particularmente pensadores comunistas como Karl Marx, Friedrich Engels e Vladimir Lênin; outros, como Eduard Bernstein, advogavam ou uma transição gradual para o socialismo por meio de métodos democráticos ou a criação de um modelo socialista "misto" ou de mercado em que alguns, embora não todos, setores da economia estariam sujeitos ao controle popular. Essa abordagem tornou-se predominante na Europa Ocidental após a Segunda Guerra Mundial, quando os países passaram a pôr em prática um certo grau de nacionalização da indústria e de planejamento centralizado, sem rejeitar inteiramente o sistema capitalista; esse consenso do "pós-guerra" durou até os anos 1970. A China introduziu gradualmente, após a morte de Mao Tsé-tung, um sistema econômico "socialista de mercado", apesar do forte envolvimento do Estado no direcionamento dos investimentos.

DOUTRINA
O socialismo é uma teoria econômica que favorece o controle público total ou parcial da economia.

DISCURSO
Os ideais socialistas continuam atraindo muita gente, apesar dos duvidosos resultados práticos ao longo do século passado. O governo venezuelano de Hugo Chávez prometeu uma estratégia econômica, intitulada de "Alternativa Bolivariana", que rejeita o capitalismo em prol de um programa econômico socialista e de um comércio internacional baseado na troca; no entanto, sua viabilidade no longo prazo depende da manutenção do valor econômico das exportações de petróleo da Venezuela para países como os Estados Unidos. Não obstante, as ideias de Chávez foram apoiadas por outros líderes latino-americanos de esquerda e de centro-esquerda.

TEMAS RELACIONADOS
SOCIAL-DEMOCRACIA
p. 74
MARXISMO
p. 104
KEYNESIANISMO
p. 124

DADOS BIOGRÁFICOS
HENRI DE SAINT-SIMON
1760-1825
Aristocrata francês cujas ideias socialistas utópicas inspiraram pensadores que vieram depois

CLEMENT ATTLEE
1883-1967
Primeiro-ministro britânico que pôs em prática um programa socialista de mercado

CITAÇÃO
Christopher N. Lawrence

"O vício intrínseco do capitalismo é o compartilhamento injusto dos benefícios; a virtude intrínseca do socialismo é o compartilhamento justo das privações."
WINSTON CHURCHILL

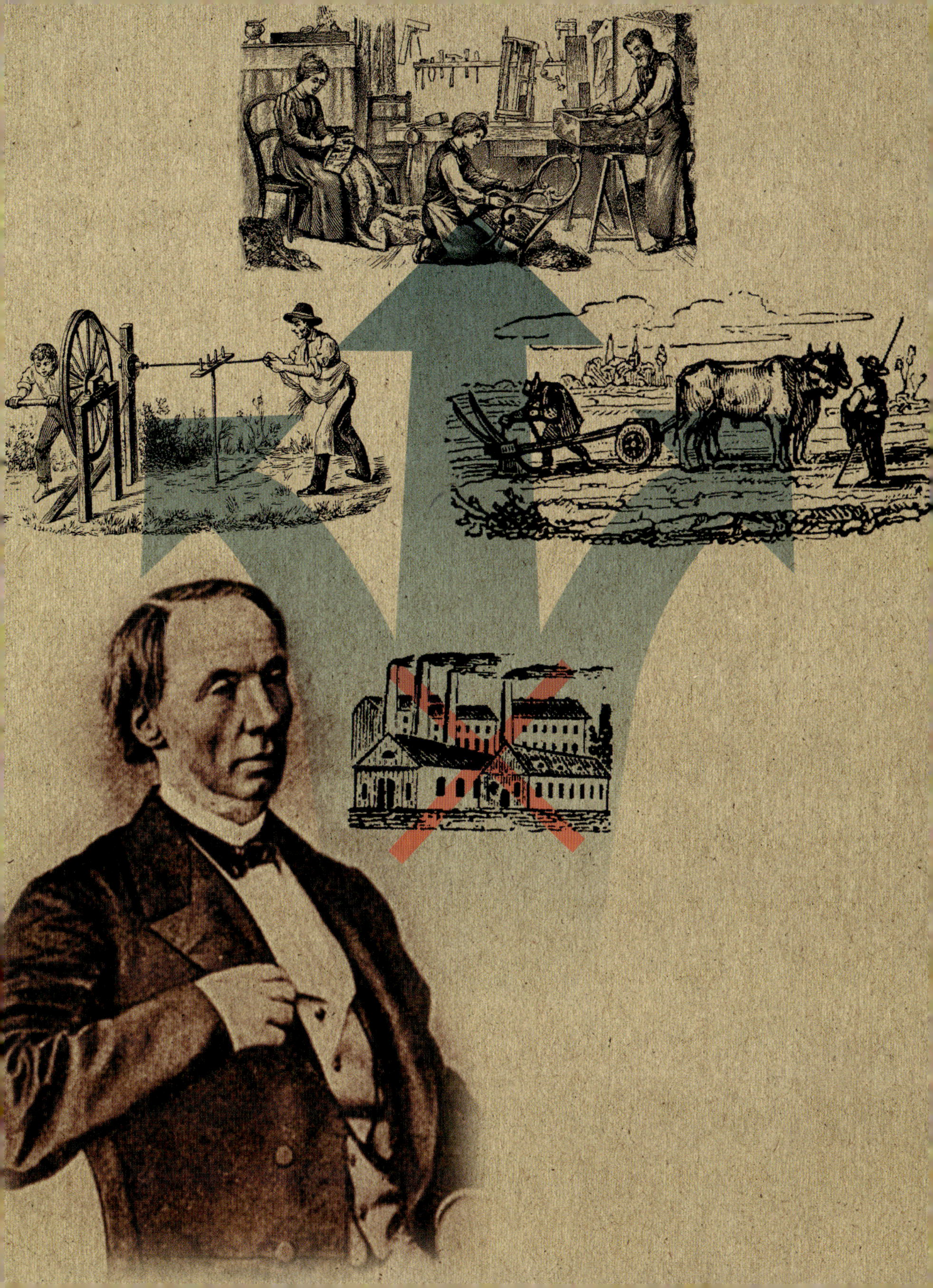

GLOBALIZAÇÃO

Globalização é o nome dado à tendência, que estaria em curso desde o final do século XIX, na direção de uma integração maior das economias nacionais e regionais num sistema econômico global mais amplo e unificado baseado no comércio mais livre de bens, serviços e investimentos. Podemos situar as fases iniciais da globalização na metade do século XIX, quando a Grã-Bretanha – então a principal potência econômica e militar do planeta – começou a mudar suas políticas econômicas, afastando-se do protecionismo e do mercantilismo e começando a baixar as tarifas dos produtos comercializados com os países de fora do Império Britânico e de sua esfera de influência mais direta. As duas guerras mundiais e a Grande Depressão levaram a uma diminuição do comércio internacional; após a Segunda Guerra Mundial, porém, os EUA tomaram o lugar da Grã-Bretanha como a principal economia desenvolvida e adotaram um ponto de vista similar com relação ao livre comércio, ao menos nas regiões em que este favorecia os interesses comerciais americanos. Hoje a globalização não é uma questão que diz respeito apenas ao comércio de matérias-primas e produtos manufaturados. Ela abrange também o ramo dos serviços e das oportunidades de investimento, levando a uma economia ainda mais rigidamente integrada na qual muitos dos principais agentes de importantes setores econômicos da maioria das economias desenvolvidas e em desenvolvimento são controlados por corporações pertencentes a estrangeiros ou a multinacionais.

DOUTRINA
Globalização é o grau cada vez maior de interdependência entre as economias nacionais.

DISCURSO
A integração econômica tem sido duramente criticada em muitos países, uma vez que setores econômicos até então protegidos foram expostos à concorrência internacional. Alguns críticos rejeitam totalmente a ideia de globalização, enquanto outros buscam uma maior regulação da integração econômica, como a promoção do "comércio justo" (incorporando mais proteção tanto para os trabalhadores como para o meio ambiente dos países em desenvolvimento) em vez do livre comércio, e definindo-se como favoráveis a uma "outra globalização" e não como adversários da globalização *per se*.

TEMAS RELACIONADOS
CAPITALISMO
p. 118
MERCANTILISMO
p. 126
NEOLIBERALISMO
p. 128

DADOS BIOGRÁFICOS
JOSÉ BOVÉ
1953-
Francês membro do sindicato dos agricultores e figura de destaque dos movimentos "antiglobalização" e por uma "outra globalização"

THOMAS FRIEDMAN
1953-
Colunista e escritor americano defensor da globalização

CITAÇÃO
Christopher N. Lawrence

"As pessoas têm me acusado de ser a favor da globalização. Isso é o mesmo que me acusar de ser a favor de que o sol nasça de manhã."

CLARE SHORT

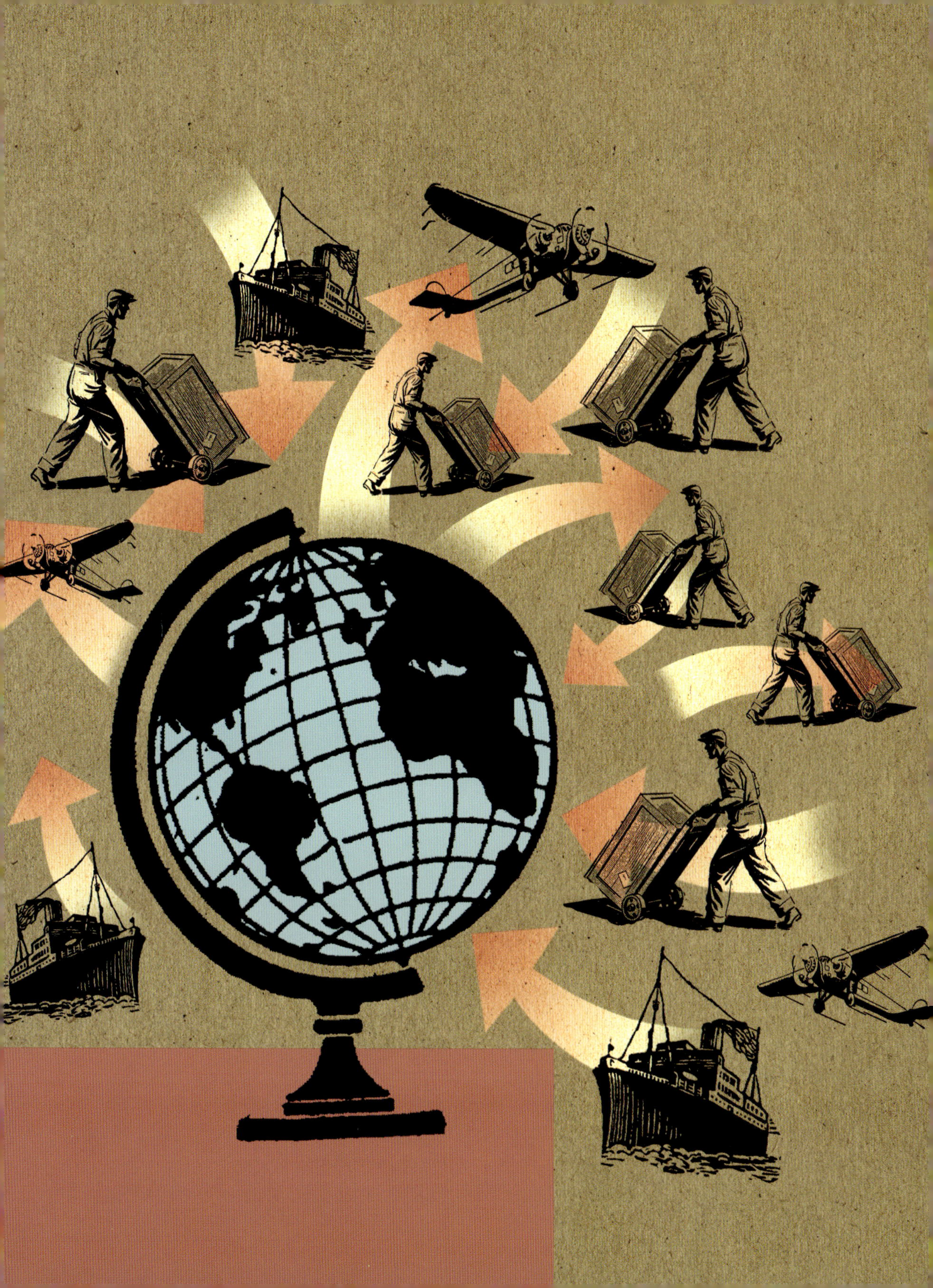

KEYNESIANISMO

O keynesianismo refere-se a uma teoria macroeconômica cujo nome vem de John Maynard Keynes. É o oposto do pensamento econômico do *laissez-faire*, defendendo que o governo tem um papel na economia. De acordo com o keynesianismo, o declínio econômico cíclico se deve à demanda agregada insuficiente. Contrariamente ao bom senso convencional, o keynesianismo sugere que a economia de mercado capitalista não dispõe de um mecanismo para lidar rapidamente com o problema. Num caso como esse, a solução mais eficaz é uma resposta vigorosa do governo, especialmente o uso de mecanismos de política fiscal que expandam o gasto público e cortem impostos. A lógica por trás disso é que, ao gastar em novos projetos públicos por meio de déficit ou ao cortar impostos, o governo cria mais empregos e injeta renda na economia, o que resulta em mais gastos na economia como um todo, estimulando a atividade econômica e reduzindo o desemprego. A intervenção do governo restaura então o ciclo virtuoso entre procura e oferta, levando uma economia cujo desempenho está abaixo do esperado a entrar novamente nos eixos. Politicamente, o keynesianismo defende que um setor estatal abrangente é um instrumento indispensável para estabilizar a economia. No período que vai do fim da Segunda Guerra Mundial até o início dos anos 1970, o keynesianismo teve uma enorme influência nos países industrializados ocidentais. Sua credibilidade diminuiu quando a estagflação atingiu o sistema capitalista global nos anos 1970.

DOUTRINA
O keynesianismo defende a manipulação das políticas fiscais para administrar a economia.

DISCURSO
O keynesianismo acredita que as recessões econômicas podem ser reparadas por meio de intervenções corretivas feitas pelo governo. Essa crença se baseia no pressuposto de que o governo é suficientemente inteligente e capaz para tomar decisões proveitosas na organização da economia. As diretrizes keynesianas foram atacadas pelos monetaristas por representarem condutas fiscais governamentais mal concebidas que levariam ao aumento da inflação e afugentariam o investimento privado. Apesar de todas as críticas, o pensamento econômico keynesiano continua a servir de base a grande parte da política econômica contemporânea.

TEMAS RELACIONADOS
CAPITALISMO
p. 118
SOCIALISMO
p. 120

DADOS BIOGRÁFICOS
JOHN MAYNARD KEYNES
1883-1946
Pai da macroeconomia e possivelmente o economista mais influente do século XX

CITAÇÃO
Feng Sun

"É melhor estar mais ou menos certo que totalmente errado."
JOHN MAYNARD KEYNES

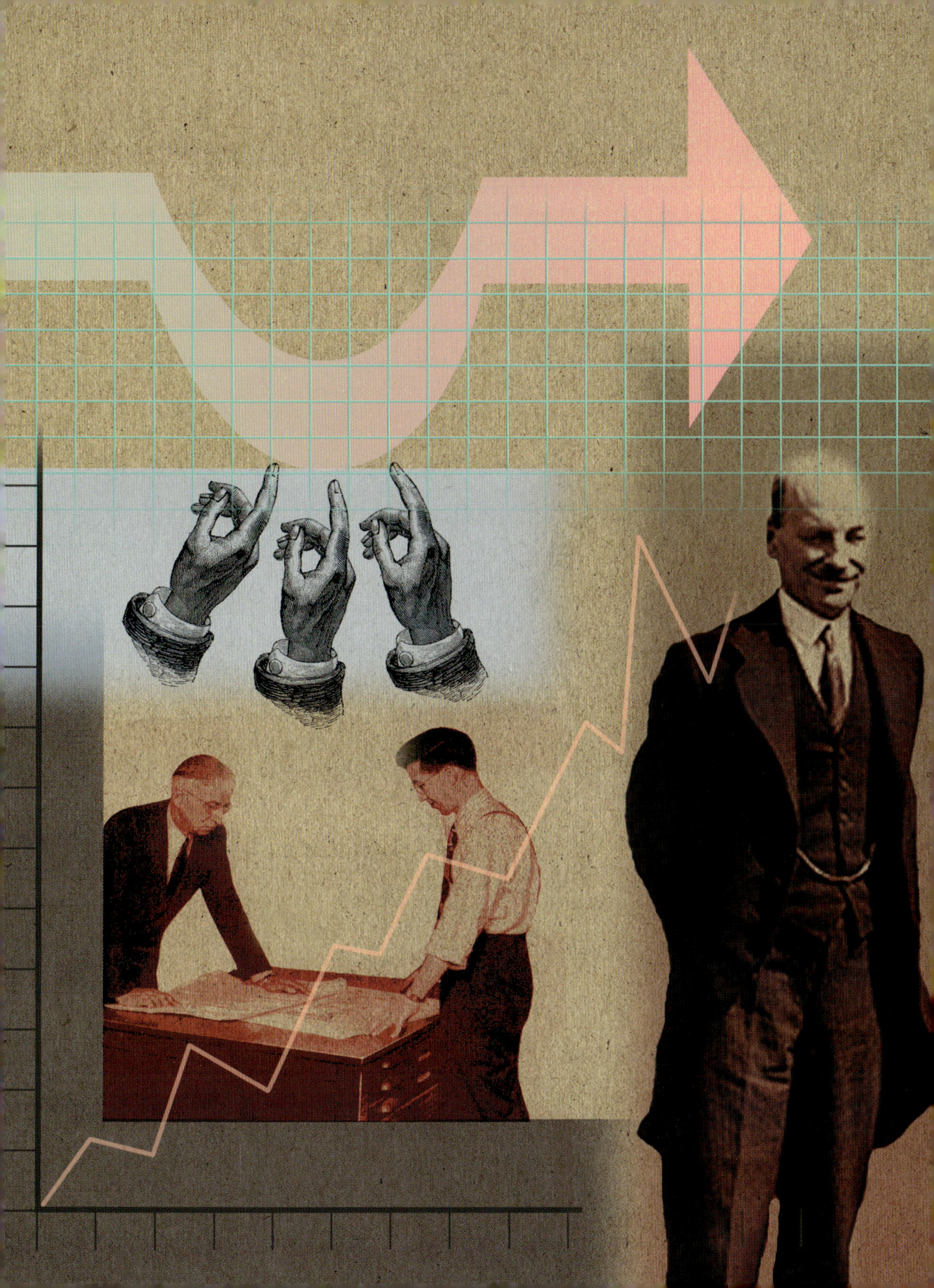

MERCANTILISMO

O mercantilismo diz respeito ao pensamento e ao sistema econômicos que predominaram na Europa entre os séculos XVI e XVIII, os quais enfatizavam o papel protecionista do governo na construção de um Estado poderoso. O poder do Estado dependia da riqueza nacional, que era definida em termos das reservas de ouro e prata. Como o total da riqueza mundial era "imutável", um Estado só podia aumentar sua riqueza e seu poder à custa das outras nações. Com base nessas concepções, os Estados mercantilistas empregavam políticas rígidas para assegurar uma balança comercial positiva, controlando as importações e estimulando as exportações por meio de tarifas e subsídios. A produção doméstica era amplamente estimulada e cuidadosamente regulada pelo governo para manter a autossuficiência econômica, além de uma posição vantajosa nos mercados externos. Uma marinha mercante e uma frota naval foram construídas para assegurar privilégios comerciais exclusivos e para conquistar colônias ultramarinas que serviriam de fornecedoras de matérias-primas à metrópole e de mercados para os produtos acabados. Na história, o período mercantilista ficou associado às atividades comerciais agressivas de mercadores como a Companhia Britânica das Índias Orientais, à exploração implacável das colônias da América, da Ásia e da África, e às disputas militares entre as grandes potências marítimas.

DOUTRINA
O mercantilismo é o nacionalismo econômico de acordo com a lei da selva.

DISCURSO
O termo "mercantilismo" foi usado pela primeira vez por Adam Smith para criticar um sistema claramente contrário ao livre comércio e ao *laissez-faire*. O mercantilismo enfatizava o protecionismo do Estado e as regulações governamentais, o que limitava em grande medida a liberdade e a vitalidade econômicas. A política de "levar o vizinho à pobreza" alimentou um ciclo contínuo de conflitos entre os países da Europa, já que era impossível que todos tivessem um saldo comercial positivo. No entanto, o mercantilismo desempenhou, de fato, um papel importante na construção do Estado e na unificação econômica do início da Europa moderna.

TEMAS RELACIONADOS
REALISMO
p. 138
IMPERIALISMO
p. 142

DADOS BIOGRÁFICOS
THOMAS MUN
1571-1641
Economista e escritor inglês; o último dos primeiros mercantilistas

ADAM SMITH
1723-1790
Economista escocês contrário ao mercantilismo

CITAÇÃO
Feng Sun

"Precisamos estar sempre atentos para não comprar mais dos estrangeiros do que aquilo que lhes vendemos, pois isso significa nos empobrecermos e enriquecê-los."
SIR THOMAS SMITH

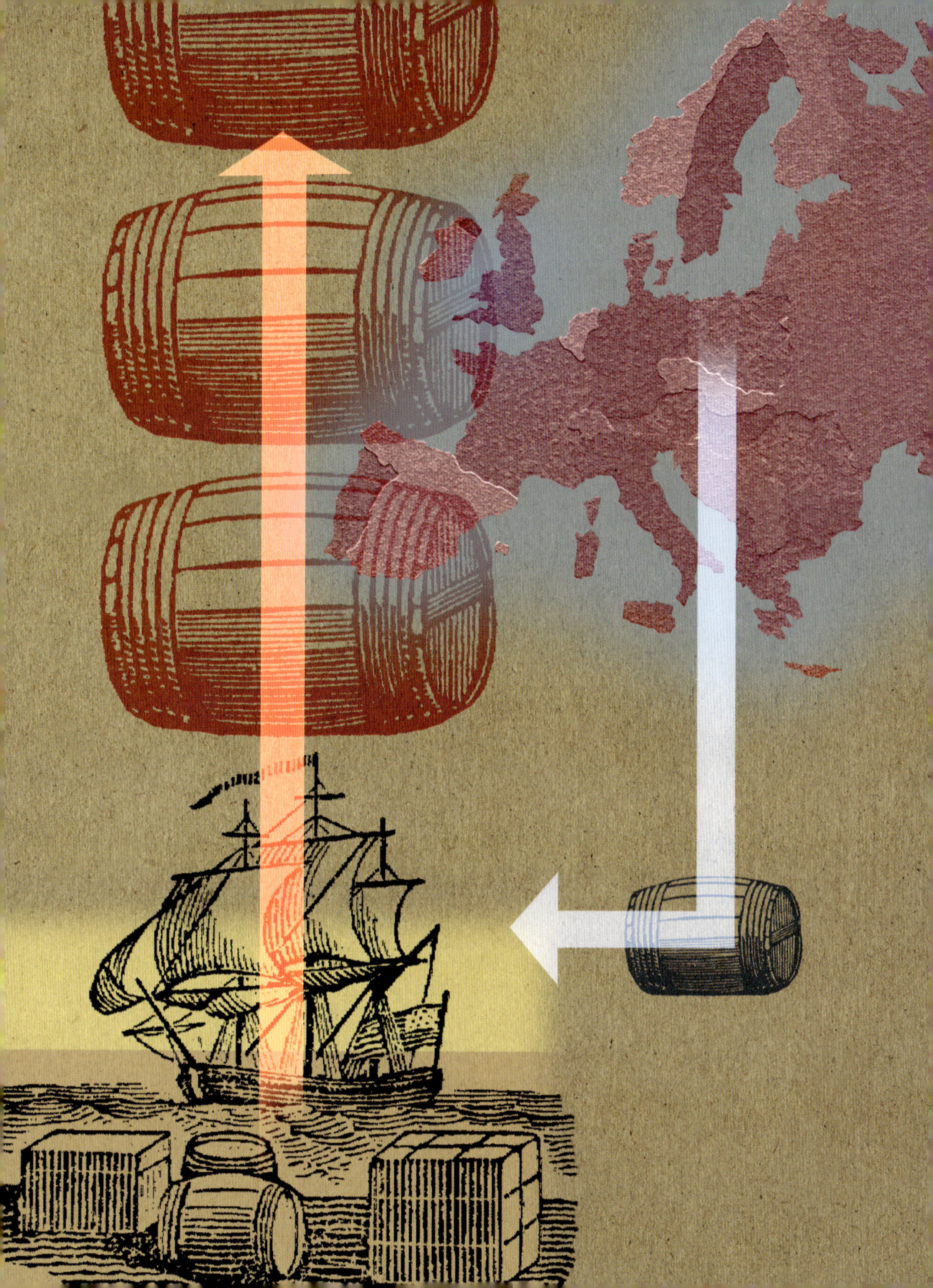

NEOLIBERALISMO

O neoliberalismo diz respeito a um conjunto de medidas de política econômica que enfatizam a primazia do mercado sobre o governo. O "neo" indica tratar-se de uma versão atualizada do realismo clássico, que pertence à época do teórico político Adam Smith no século XVIII. Ficou célebre a defesa feita por ele no livro *A riqueza das nações* de que a "mão invisível" do mercado asseguraria que a busca do ganho privado levaria ao bem comum. O neoliberalismo defende que tanto o crescimento econômico como a prosperidade são alcançados de modo mais eficaz quando se corta de modo drástico o gasto governamental, privatizando as indústrias estatais, desregulando, expandindo o comércio e estimulando o investimento externo. Ao respeitar as leis básicas da oferta e da procura, o livre mercado garante que os recursos sejam alocados com eficiência, o que beneficia a todos. Essas políticas apresentam-se como contraponto aos modelos estatistas de desenvolvimento, que teriam contribuído para a estagnação econômica e a dívida dos países em desenvolvimento nas décadas posteriores à Segunda Guerra Mundial. Seus defensores citam os países em desenvolvimento que, após adotarem políticas neoliberais, controlaram a inflação, geraram crescimento econômico e reduziram a pobreza. Tais políticas foram vitais para o crescimento da globalização econômica.

DOUTRINA

Para os neoliberais, as decisões econômicas visíveis de cada um transformam-se numa mão invisível, enquanto o governo mantém as mãos de fora.

DISCURSO

As políticas neoliberais têm sido bastante controvertidas, particularmente a partir dos anos 1980 e em especial no mundo em desenvolvimento. A mistura de privatização com redução de subsídios desencadeou revoltas em inúmeros países, levando até, em muitos casos, à deposição de presidentes. Os protestos e a eleição de presidentes de orientação mais estatista são marcados por uma rejeição explícita dos modelos neoliberais.

TEMAS RELACIONADOS

LIBERALISMO CLÁSSICO
p. 64

LIBERTARIANISMO
p. 72

CAPITALISMO
p. 118

OBJETIVISMO
p. 132

DADOS BIOGRÁFICOS

ADAM SMITH
1729-1790
Teórico político escocês que defendia o livre mercado

MILTON FRIEDMAN
1912-2006
Influente economista americano; opunha-se à intervenção do governo e apoiava o retorno à economia de livre mercado

CITAÇÃO

Gregory Weeks

"Não é da benevolência do açougueiro, do cervejeiro e do padeiro que esperamos nosso jantar, mas da consideração que eles têm pelos próprios interesses."

ADAM SMITH

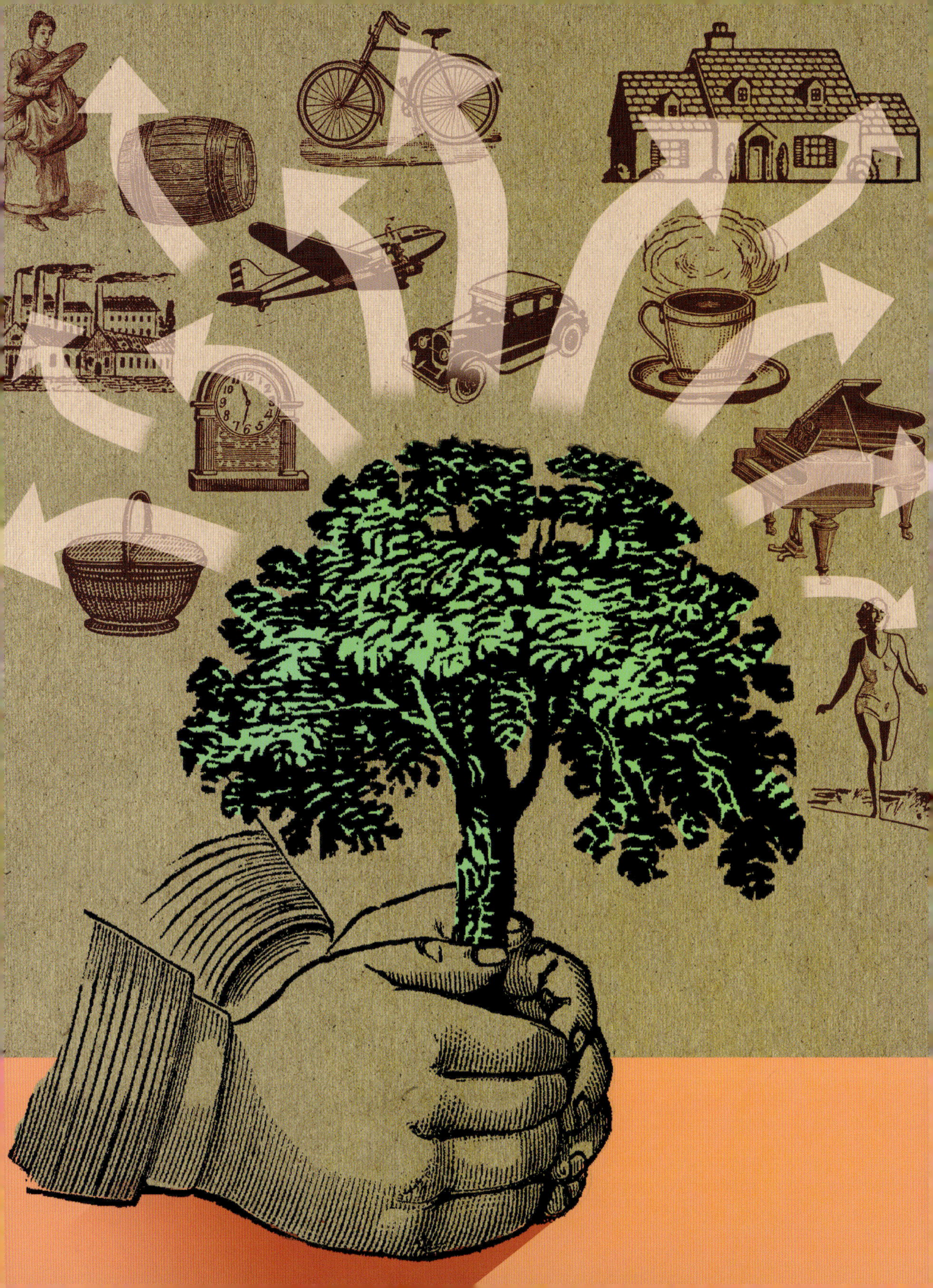

1905
Nasce em São Petersburgo, na Rússia

1922
Frequenta a Universidade de Petrogrado

1925
Muda-se para os Estados Unidos

1929
Casa-se com o ator Frank O'Connor

1936
Publica o romance semiautobiográfico *We the Linging* [Nós, os vivos]

1943
Publica *A nascente*

1951
Muda-se de Los Angeles para Nova York

1957
Publica *A revolta de Atlas*

1962
Funda *The Objectivist Newsletter*

1974
É diagnosticada com câncer no pulmão

1982
Morre na cidade de Nova York

AYN RAND

Não é de surpreender que

alguém com opiniões tão polêmicas como Ayn Rand tenha exercido um impacto tão polarizador – ou a amamos ou a detestamos.

Nascida em 1905 em São Petersburgo, na Rússia, Rand pertencia a uma família abastada. Enquanto crescia, vivenciou os levantes sociais e políticos da Revolução Russa, embora tenha sido graças aos bolcheviques que, mesmo sendo judia, pôde frequentar a universidade de Petrogrado (nome com o qual São Petersburgo foi rebatizada em 1914). Não obstante, suas experiências sob o regime comunista teriam um impacto profundo.

Em 1925, Rand recebeu permissão para visitar seus parentes nos Estados Unidos e logo se mudou para Los Angeles para se tornar escritora. Embora tenha alcançado um certo sucesso literário durante os anos 1930, foi o romance *A nascente* (1943) que atraiu a atenção do público. O romance de Rand, que retrata a luta de um jovem arquiteto de princípios contra as convenções e o nepotismo, foi um precursor de suas obras filosóficas. Durante os anos 1950 Rand tornou-se cada vez mais ativa politicamente – e, embora sua fervorosa postura favorável ao livre mercado, anticomunista e defensora do individualismo tenha atraído apoiadores de direita, seu ateísmo igualmente fervoroso não foi tão bem recebido.

Em 1957, Rand publicou seu romance mais famoso, *A revolta de Atlas*. Obra de ficção que alcançou enorme sucesso de vendas, o livro serve de veículo para a filosofia objetivista de Rand (esboçada em um discurso de setenta páginas proferido por John Galt, um dos personagens do romance). O objetivismo recorre à tradição aristotélica do raciocínio empírico, da autorrealização e do egoísmo ético – que, enquanto teoria política, equivale ao antiestatismo, ao libertarianismo e ao capitalismo do *laissez-faire*.

Criticada e elogiada com frequência, mas sempre franca, Rand passou os anos 1960 e 1970 promovendo o objetivismo por meio de palestras, de entrevistas e do periódico *The Objectivist Newsletter*, do qual Alan Greenspan (ex-presidente do Banco Central americano) foi um ilustre colaborador. O interesse no objetivismo como movimento político diminuiu com a morte de Rand em 1982, mas a recente recessão global e a desconfiança subsequente no governo assistiram ao seu renascimento – sim, John Galt está vivo e em forma.

OBJETIVISMO

DOUTRINA
O objetivismo é a filosofia que, aplicada à política, defende o capitalismo e o governo limitado para possibilitar que os indivíduos busquem seu próprio interesse.

DISCURSO
Embora tenham gerado adeptos apaixonados, as obras de Rand nunca foram aceitas pelo mundo acadêmico nem pela cultura americana mais geral. Seu protagonista é o indivíduo racional independente que age sozinho para assegurar a felicidade. O ponto fraco de Rand é que, ao seguir o caminho prescrito por ela, seu herói não encontra nem segurança nem liberdade. O modelo proposto por Rand não tem um final satisfatório porque conduz à repetição infinita do método prescrito.

O objetivismo é a filosofia da escritora e filósofa naturalizada americana Ayn Rand que une a realidade objetiva, a razão, o interesse próprio e o capitalismo para criar um sistema que oferece um modelo social em que os indivíduos podem agir em prol da própria felicidade e defender sua sobrevivência de longo prazo. As pessoas podem pedir o que quiserem, mas para alcançar seus objetivos elas primeiramente precisam ter uma compreensão correta da realidade. Isso permite que os indivíduos usem a razão para favorecer seu interesse próprio num mundo em que o capitalismo e o governo mínimo oferecem espaço para a atuação pessoal. O Estado fica limitado à proteção dos direitos individuais, à prevenção da violência e ao estabelecimento de permutas num livre mercado que permitam que as pessoas se ocupem de negociações vantajosas. O governo não deve propor valores nem atender às necessidades básicas das pessoas carentes, mas atuar apenas para preservar os direitos individuais.
O objetivismo rejeita a ética ocidental tradicional e apresenta uma defesa antecipada da revolução sexual e da legalização do aborto; ele estabelece direitos iguais para as mulheres, mas rejeita o feminismo moderno. O objetivismo apresenta uma defesa original dos direitos individuais e do capitalismo de *laissez-faire* que rejeita os argumentos tradicionais propostos por John Locke ou Adam Smith.

TEMAS RELACIONADOS
LIBERTARIANISMO
p. 72
CAPITALISMO
p. 118

DADOS BIOGRÁFICOS
NATHANIEL BRANDEN
(nascido BLUMENTHAL)
1930-2014
Psicólogo e conferencista objetivista canadense-americano

ALAN GREENSPAN
1926-
Ex-presidente do Banco Central americano e partidário de Rand

CITAÇÃO
G. Doug Davis

"Nunca achei graça em almejar o impossível e nunca achei que o possível estivesse fora do meu alcance."
AYN RAND

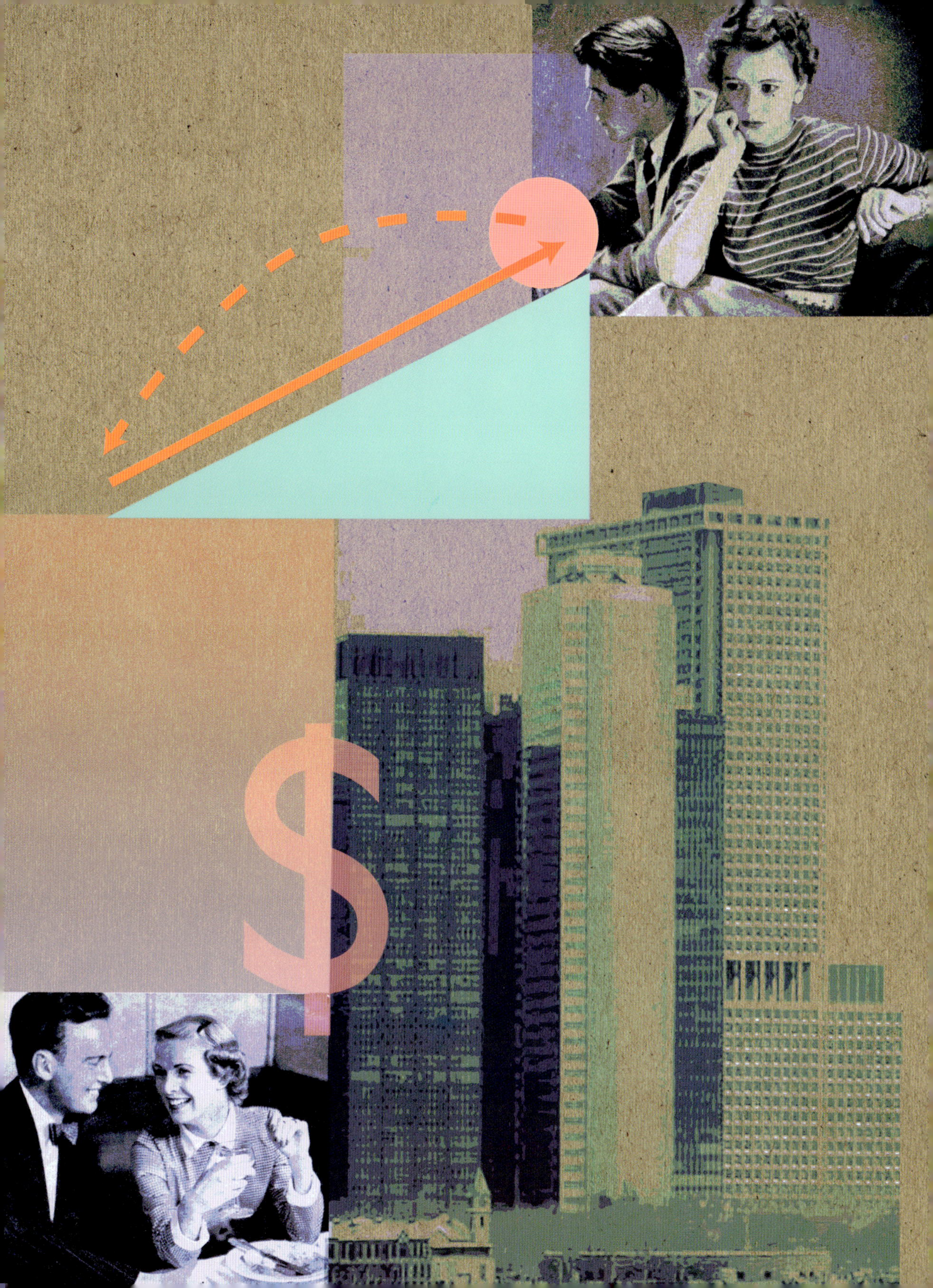

RELAÇÕES INTERNACIONAIS

RELAÇÕES INTERNACIONAIS
GLOSSÁRIO

descolonização Processo durante o qual antigas colônias conquistam a independência do poder colonial. Ao longo de toda a história ocorreram períodos de descolonização. O último período importante teve lugar logo após a Segunda Guerra Mundial, quando países europeus outrora poderosos como Grã-Bretanha e França, incapazes de manter o controle de suas antigas colônias, foram estimulados a abrir mão delas pelas potências emergentes – Estados Unidos e União Soviética.

destruição mútua (destruição mútua plenamente assegurada – MAD, na sigla em inglês) Termo militar empregado pela primeira vez na Guerra Fria quando as armas nucleares haviam alcançado a proliferação máxima. Descrevia basicamente o cenário em que tanto os EUA (e seus aliados) como a URSS (e seus aliados) seriam totalmente destruídos por armas nucleares após um ataque nuclear preventivo feito por um dos lados. Os defensores da MAD como estratégia militar afirmam que ela é o derradeiro elemento dissuasivo nuclear.

guerra preventiva Qualquer guerra desencadeada para evitar um ataque ou uma ameaça percebida. Considerada por seus defensores como uma forma de autodefesa, a guerra preventiva teve dois exemplos recentes: a invasão do Iraque pela coalizão liderada pelos Estados Unidos e a guerra do Afeganistão, ambas conduzidas para evitar ataques terroristas. No entanto, no caso da primeira existem dúvidas acerca da escala e da veracidade da ameaça percebida, enquanto no caso da segunda seus críticos afirmam que as opções diplomáticas não foram plenamente exploradas.

hegemonia cultural Ascendência cultural de um grupo, Estado ou comunidade sobre outros. O teórico marxista italiano Antonio Gramsci utilizou o termo para descrever a ascendência de uma classe sobre outra, a tal ponto que a classe subordinada aceita a ordem mundial da dominante como "natural". Atualmente o termo é mais utilizado para definir a preponderância da cultura popular (na forma de programas de televisão, filmes, marcas etc.) de uma nação sobre outras.

movimento secessionista Todo grupo cujo objetivo é deixar de ser membro de um corpo federativo ou político, normalmente a fim de assegurar a independência de uma entidade política em geral maior e mais poderosa. O termo é sinônimo de movimento separatista.

protecionismo Política governamental que restringe o comércio internacional por meio da introdução de tarifas, subsídios ou cotas de importação. O objetivo das ações protecionistas é proteger a indústria doméstica (e os trabalhadores) da competição externa. Os adversários do protecionismo argumentam que, ao longo do tempo, essa política sufoca o crescimento doméstico, levando à redução da produção e do bem-estar econômico.

Protocolo de Kyoto Tratado internacional segundo o qual 37 nações industrializadas concordaram com uma redução geral dos principais gases de efeito estufa – dióxido de carbono, monóxido de nitrogênio, metano, hexafluoreto de enxofre, HFCs e PFCs. O acordo foi adotado em 1997 e passou a vigorar em 2005. As metas de redução variam de 7% para os Estados Unidos, 8% para a Europa e 6% para o Japão a 0% para a Rússia; além disso, o protocolo permite que Austrália e Islândia aumentem suas emissões.

sectário Termo utilizado para definir a filiação ou associação a uma denominação ou seita religiosa. A violência sectária, por exemplo, descreve os distúrbios entre duas facções religiosas adversárias.

REALISMO

O realismo é uma teoria das
relações internacionais que se concentra no poder e no interesse nacional. Embora existam diversas variantes da teoria, todas se baseiam na ideia de que, como não existe um governo mundial responsável pelo cumprimento da lei, os países agirão racionalmente para se proteger. Esse sistema anárquico implica que os países utilizam todo o poder disponível para se manter seguros. Como a força militar é o recurso derradeiro de que dispõem, o realismo imagina que o conflito acontece quando um país procura tomar a dianteira com relação a seus congêneres. Outros elementos do poder nacional são a capacidade econômica, a abundância de matérias-primas, a estabilidade política ou mesmo a hegemonia cultural. Ao mesmo tempo, porém, o realismo explica a ausência de guerras. Durante a Guerra Fria, os Estados Unidos e a União Soviética nunca se enfrentaram diretamente. Ambos os países sabiam que o outro possuía armas nucleares e que o resultado de uma guerra seria a destruição mútua, acabando, assim, com sua própria segurança. Na verdade, alguns realistas famosos como Kenneth Waltz argumentam que a posse de armas nucleares por um número maior de países não seria algo necessariamente ruim, porque se todos os países as possuíssem nenhum iria usá-las.

DOUTRINA
No sistema internacional, o mais poderoso formula as regras e domina os fracos.

DISCURSO
Os realistas acreditam que os líderes individuais e as instituições internacionais não são importantes, argumentando que é possível entender como os países interagem observando o conjunto de seus potenciais e o lugar que ocupam no sistema internacional. No entanto, seus críticos destacam as diferenças significativas que os líderes (por exemplo, Winston Churchill versus Neville Chamberlain ou Jimmy Carter versus Ronald Reagan) podem ter nas relações com outros países, e o fato de que as instituições internacionais podem desempenhar um papel importante na política internacional.

TEMAS RELACIONADOS
NEOCONSERVADORISMO
p. 144
CONSTRUTIVISMO
p. 150

DADOS BIOGRÁFICOS
HANS MORGENTHAU
1904-1980
pp. 140-1

HENRY KISSINGER
1923-
Cientista político e ex-Secretário de Estado americano

KENNETH WALTZ
1924-2013
Protagonista da teoria das relações internacionais

CITAÇÃO
Gregory Weeks

"O homem nasceu para buscar o poder, embora sua condição atual o torne escravo do poder dos outros."
HANS MORGENTHAU

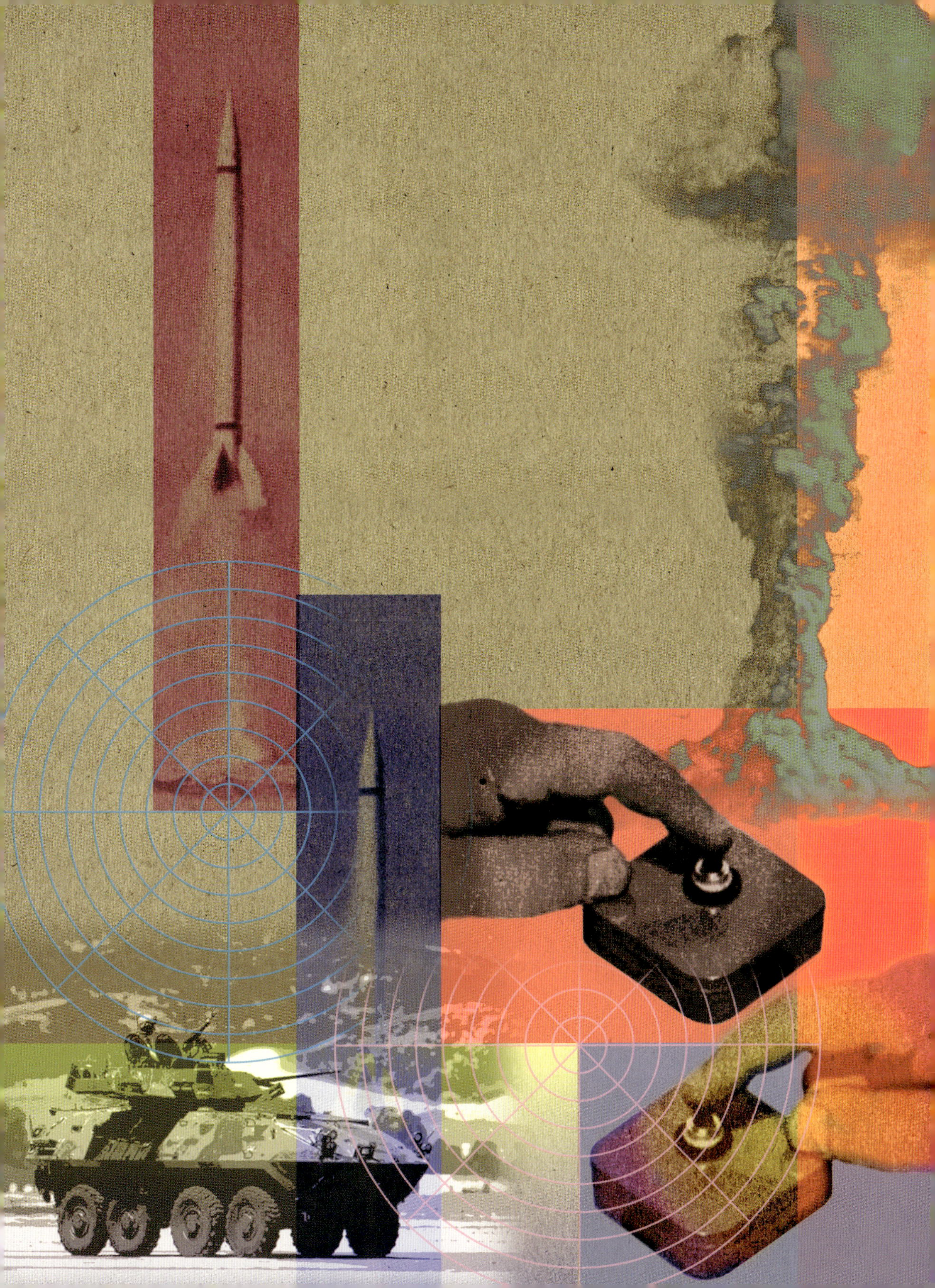

1904
Nasce em Coburgo, Alemanha

1932
Ensina direito na Universidade de Genebra

1935
Muda-se para ensinar direito na Universidade de Madri

1937
Emigra para os Estados Unidos; ensina na Faculdade do Brooklyn

1939
Ensina na Universidade de Kansas City

1943
Aceita o cargo de professor na Universidade de Chicago

1946
Publica *Scientific Man Vs. Power Politics* [Homem científico versus poder político]

1948
Publica *A política entre as nações*

1951
Publica *In Defense of the National Interest* [Em defesa do interesse nacional]

1960
Publica *The Purpose of American Politics* [O propósito da política americana]

1979
Morre na cidade de Nova York

HANS MORGENTHAU

Um dos mais notáveis pensadores políticos do século XX, particularmente no campo da política internacional, Hans Morgenthau será lembrado sobretudo por suas teorias políticas realistas.

Nascido na Alemanha em 1904, filho de um médico judeu, Morgenthau cresceu na Alemanha do pós-guerra, arruinada econômica e militarmente. No início dos anos 1920 frequentou a universidade em Frankfurt e Munique, inicialmente estudando filosofia e depois mudando para direito. Depois de se formar prosseguiu seus estudos em Genebra e, após ocupar o cargo de professor em Genebra e Madri, emigrou para os Estados Unidos em 1937. Morgenthau fixou-se na Universidade de Chicago em 1943, onde ensinou até 1971.

Em sua obra mais importante, *Scientific Man Vs. Power Politics* (1946), Morgenthau criticou a crença contemporânea corrente de que a ciência era a resposta para os problemas sociais e políticos do mundo. No segundo livro, *A política entre as nações* (1948), apresentou em linhas gerais o conceito de realismo político. Preocupado principalmente com as relações internacionais, Morgenthau defende no livro que a política internacional é moldada pelos interesses nacionais de Estados soberanos, e que, consequentemente, estava relacionada essencialmente "à manutenção de poder, ao aumento de poder e à demonstração de poder" por parte dos Estados.

Como bom realista, Morgenthau acreditava que as políticas dos Estados-nação deviam se afastar do universo moral em que os indivíduos viviam. Os Estados deviam procurar aumentar seu poder acima de qualquer outra consideração de ordem moral ou legal.

A obra de Morgenthau teve uma influência enorme, e durante o período da Guerra Fria ele foi consultor político do Departamento de Estado americano. Não obstante, também criticou a política externa americana – opondo-se à Guerra do Vietnã, por exemplo. Embora visto principalmente como um realista da política do poder, esforçou-se para estabelecer uma relação entre o princípio moral, identificado em cada Estado, e as relações políticas internacionais. Esse tema foi explorado por ele na obra *In Defense of National Interest* (1951).

IMPERIALISMO

O imperialismo baseia-se numa relação de dominação que um país tem com outro, sendo que um deles, muito mais poderoso que o outro, usa esse poder para explorar os recursos do mais fraco em seu benefício. A versão mais literal implica o confisco de território, como no sistema colonial, em que o mais forte assume inteiramente o controle político e econômico. Entre os exemplos estão os impérios britânico, chinês, espanhol e português, que se expandiram por vastas regiões – o que, por sua vez, levou ao mercantilismo, por meio do qual o colonizador exigia a exclusividade de comércio com as colônias, gerando graves problemas no processo de desenvolvimento destas. O termo ganhou significado ainda mais amplo com o surgimento do marxismo-leninismo, segundo o qual todos os países capitalistas avançados faziam parte de um projeto imperialista econômico que mantinha as nações menos desenvolvidas na pobreza, apesar de não governá-las diretamente. Desse modo, a condição de hegemonia – ser muito mais poderoso que os outros – preenchia os requisitos do imperialismo. Seja como for, o governo de um Estado forte controla os mecanismos políticos e econômicos de outros, às vezes mesmo a uma grande distância. Isso também pode levar ao imperialismo cultural, no qual a cultura do país mais poderoso acaba dominando seu equivalente local.

DOUTRINA
Os impérios expandem sua influência em todas as direções, envolvendo os países mais fracos e usando seus recursos de uma forma que os enfraquece ainda mais.

DISCURSO
No passado, o imperialismo era aplaudido de modo franco, particularmente na Europa, e justificado por sua suposta influência civilizatória sobre povos mais "atrasados". No entanto, em especial depois da onda de descolonização do período posterior à Segunda Guerra Mundial, o termo assumiu uma conotação claramente negativa e se tornou uma afronta.

TEMAS RELACIONADOS
MARXISMO
p. 104
LENINISMO
p. 108
MERCANTILISMO
p. 126

DADOS BIOGRÁFICOS
VLADIMIR I. LÊNIN
1870-1924
Líder comunista que afirmava que o imperialismo era o último estágio do capitalismo

WILLIAM APPLEMAN WILLIAMS
1921-1990
Teórico e crítico da política externa americana

CITAÇÃO
Gregory Weeks

"Se fosse preciso dar a definição mais curta de imperialismo, deveríamos dizer que o imperialismo é o último estágio do capitalismo."

VLADIMIR LÊNIN

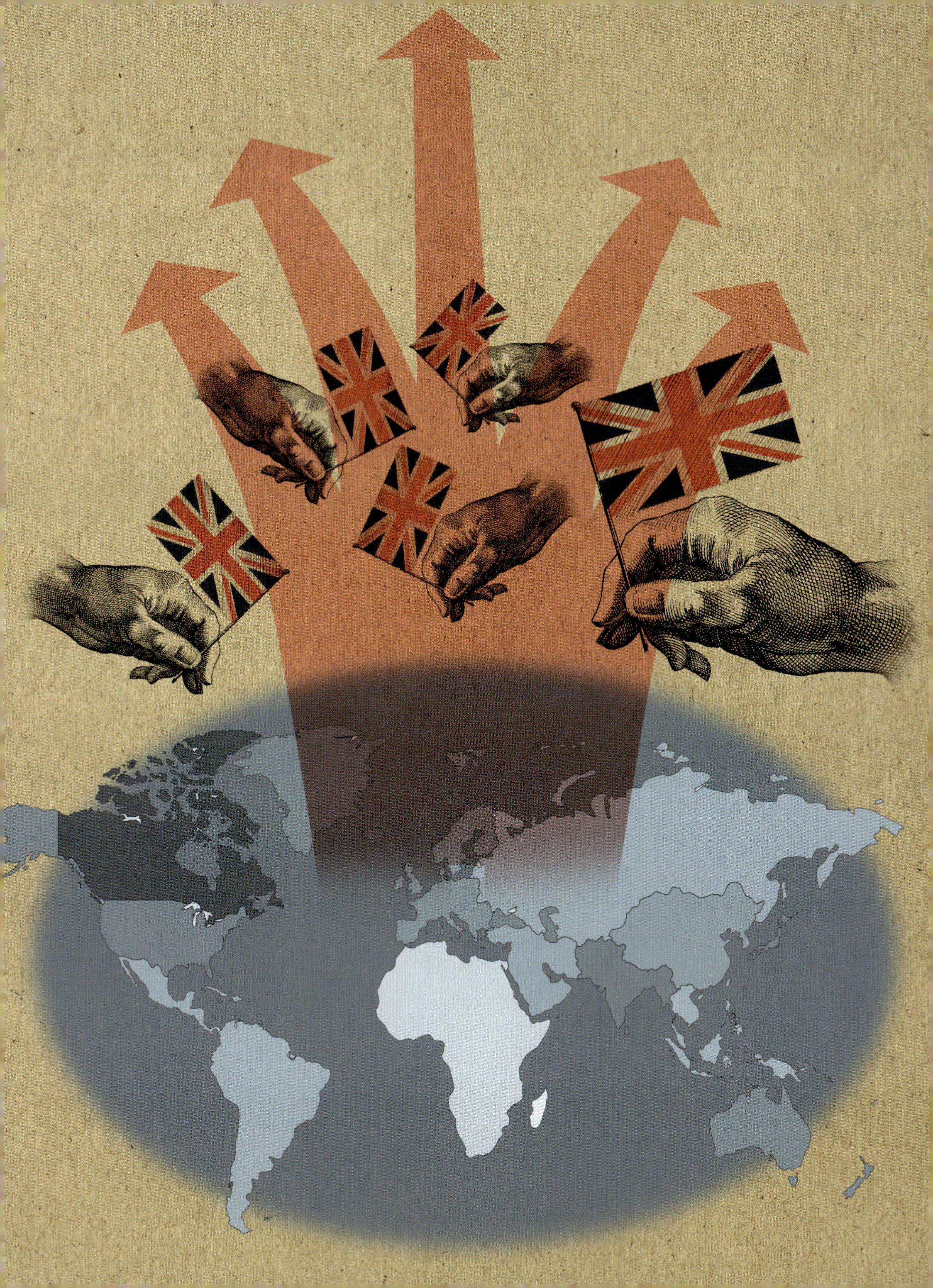

NEOCONSERVADORISMO

Neoconservadorismo é um termo que tem sido usado com certa frequência no discurso público desde o início do século XXI em razão de sua ligação com a política externa do ex-presidente norte-americano George W. Bush e especialmente com a Guerra do Iraque. O termo originou-se de um rótulo para definir os liberais (no sentido político americano da palavra) desiludidos do início dos anos 1970 que, apesar de acreditar que o governo tinha um papel a cumprir, criticavam a evolução do Estado de bem-estar social americano e consideravam o Partido Democrata e os liberais americanos não suficientemente anticomunistas. O principal nome desse grupo era o jornalista e escritor Irving Kristol, descrito com frequência como o "padrinho do neoconservadorismo"; em suas fileiras, também militavam o escritor Norman Podhoretz e a política Jeane Kirkpatrick. Os pontos de vista dos neoconservadores podiam ser lidos particularmente nos periódicos de opinião *Commentary*, *The Public Interest* e *The National Interest*. William Kristol (filho de Irving), fundador e editor da *Weekly Standard* e comentarista regular do canal Fox News, continuou a tradição da análise neoconservadora, sendo também cofundador do Projeto para o Novo Século Americano (PNAC, na sigla em inglês), uma instituição de pesquisa dedicada a uma visão neoconservadora da política externa do país e defensora da ideia de que a hegemonia norte-americana é uma influência positiva nos assuntos globais.

DOUTRINA
Os neoconservadores creem que o poder no sistema internacional pode ser usado como instrumento do bem ao difundir a democracia e manter a hegemonia americana.

DISCURSO
O neoconservadorismo, enquanto abordagem das relações internacionais, representa uma crítica do realismo. Em vez de considerar que o sistema internacional é habitado por países amorais e racionais, cada um com seus próprios interesses, o neoconservadorismo divide esses países em bons e maus. Sendo assim, o uso do poder contra os países maus para favorecer os países bons é justificável. Essa abordagem ajudou a alimentar o suporte intelectual da doutrina Bush de guerra preventiva.

TEMAS RELACIONADOS
CONSERVADORISMO
p. 68
NEOLIBERALISMO
p. 128
REALISMO
p. 138

DADOS BIOGRÁFICOS
LEO STRAUSS
1899-1973
Filósofo político que está na origem intelectual do neoconservadorismo

IRVING KRISTOL
1920-2009
Escritor, editor e "padrinho do neoconservadorismo"

CITAÇÃO
Steven L. Taylor

"Neoconservador é um liberal que foi surpreendido pela realidade."
IRVING KRISTOL

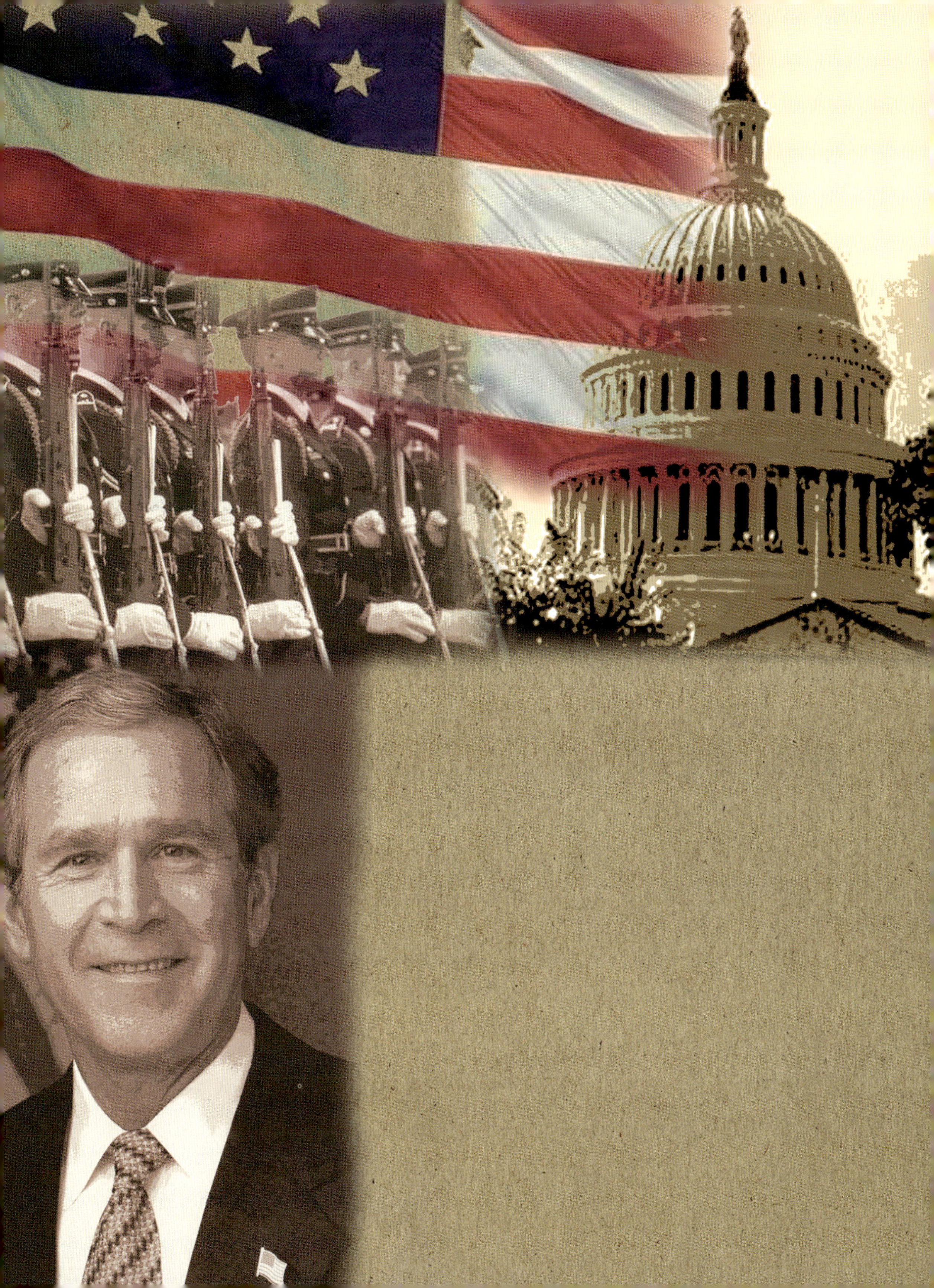

NACIONALISMO

Nacionalismo é um sentimento profundo de identificação dentro de um grupo de pessoas que se comprometem firmemente com o progresso dos membros do grupo. Essa ligação pode se basear em diversos fatores, como raça, etnia, idioma, religião e/ou hábitos culturais. O conceito se desenvolveu após a Revolução Francesa de 1789, que representou o início de uma nova era na qual os indivíduos sentiam que pertenciam a uma nação maior, não estando simplesmente em débito com um governante local. Isso não significa que a identificação local desaparece, e sim que a nação demanda uma lealdade maior que qualquer outra fonte de autoridade. O nacionalismo muitas vezes não corresponde exatamente às fronteiras de um Estado, porque as pessoas podem ter uma identificação maior com alguém de outro país. Por exemplo, os curdos iraquianos se sentem mais curdos (tal como acontece com os curdos da Turquia) que iraquianos. Em outros casos, como acontece com o povo palestino, o nacionalismo existe mesmo sem que haja um Estado. O nacionalismo acaba se enraizando em muitos setores da vida diária, como, por exemplo, a educação, a literatura, a música e as bandeiras. O controle do Estado – ou a criação de novos Estados – é, obviamente, o principal objetivo dos nacionalistas, porque ele representa o melhor caminho para obter recursos que permitem atingir as metas nacionalistas.

DOUTRINA
O nacionalismo implica alto grau de identificação com outras pessoas, mas também pode envolver alto grau de discordância de quem não pertence ao grupo.

DISCURSO
O nacionalismo provoca muitas vezes conflitos armados, mesmo dentro de um único país. A Espanha, por exemplo, é composta por três comunidades principais, o que deu origem a movimentos separatistas e à violência. Em anos recentes, aconteceu o mesmo numa escala ainda maior no Afeganistão e no Iraque, onde o nacionalismo, sob a forma de violência sectária bem como de luta entre determinadas facções e as forças de uma coalizão liderada pelos Estados Unidos, resultou na perda de milhares de vidas.

TEMAS RELACIONADOS
SOBERANIA POPULAR
p. 26
FASCISMO
p. 38
REALISMO
p. 138

DADOS BIOGRÁFICOS
SUN YAT-SEN
1866-1925
Líder nacionalista chinês

MUSTAFÁ KEMAL ATATÜRK
1881-1938
Primeiro presidente turco a usar a força do nacionalismo para criar a Turquia moderna

ERNEST GELLNER
1925-1995
Estudioso tcheco-britânico que escreveu sobre o tema do nacionalismo

CITAÇÃO
Gregory Weeks

"Patriotismo é nacionalismo, e sempre conduz à guerra."
HELEN CALDICOTT

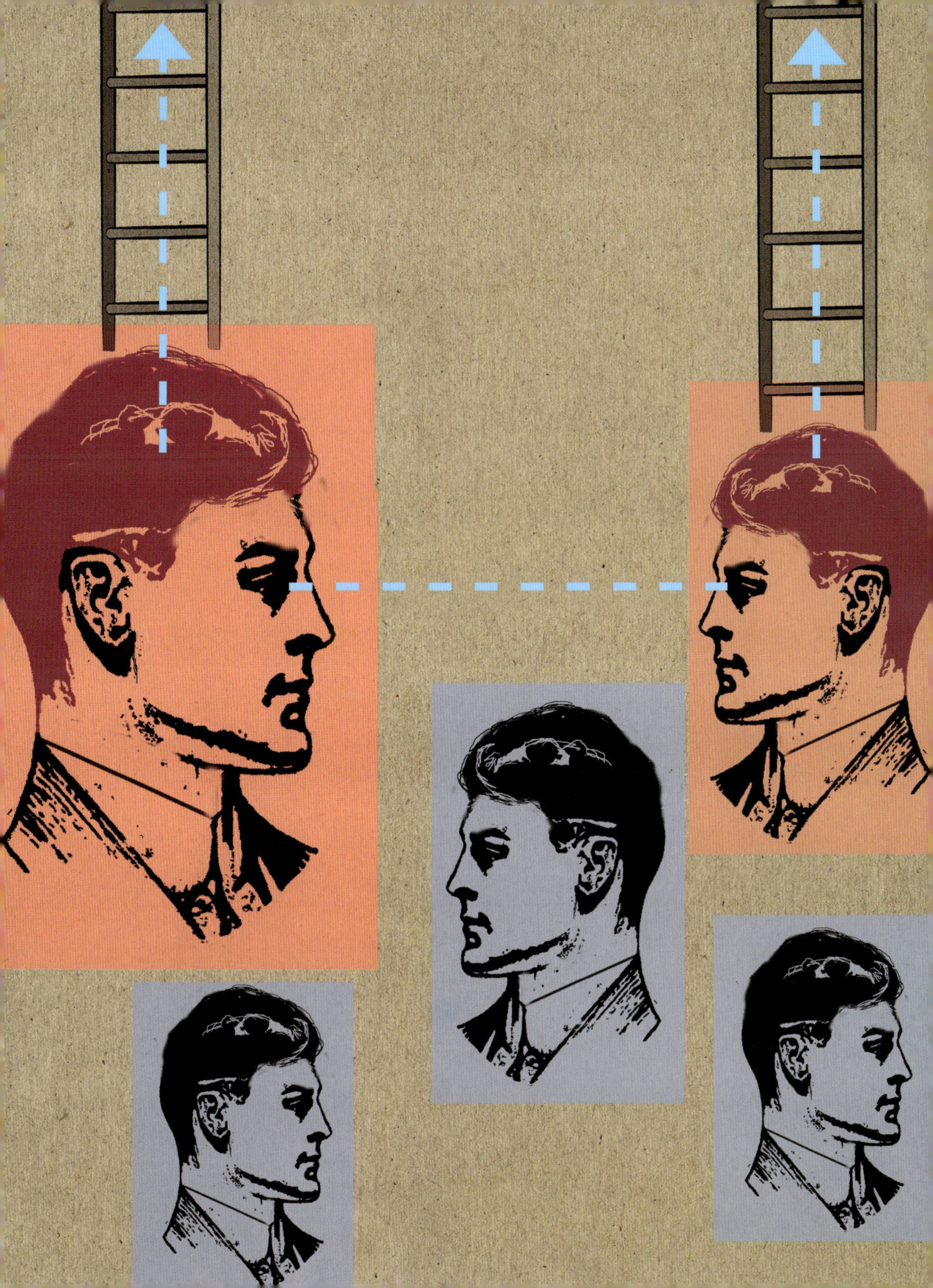

AMBIENTALISMO

O ambientalismo abrange um conjunto variado de pontos de vista que investiga o relacionamento entre os seres humanos, "o ambiente construído" (as cidades) e o mundo natural. Essa filosofia desenvolveu-se no final do século XIX em resposta ao rápido crescimento das cidades e da indústria na Europa Ocidental e nos Estados Unidos. O ambientalismo costuma abranger diferentes categorias: conservação, preservação, antipoluição e justiça ambiental. Desde os anos 1970, "partidos verdes", incorporando questões ambientais bem como questões mais gerais de justiça social, brotaram em todo o mundo. Os primeiros países a ter partidos baseados no ambientalismo foram a Austrália e a Nova Zelândia, seguidos pelo Reino Unido. Na Alemanha, *Die Grünen* (Os Verdes) foram bem-sucedidos em nível nacional, conquistando cadeiras no Parlamento e cargos no governo. As tentativas de regular os padrões ambientais em nível mais global alcançaram resultados contraditórios. O Protocolo de Kyoto, adotado em 1997, exige atualmente que 187 países, além da Comunidade Europeia, reduzam a emissão de gases de efeito estufa. No entanto, os Estados Unidos recusaram-se a assinar o acordo (embora sejam considerados responsáveis por cerca de 25% das emissões mundiais), e ainda não foi estabelecido nenhum teto para nações altamente poluidoras como Índia e China.

DOUTRINA
Movimento político amplo que busca proteger a Terra e seus ecossistemas de ações humanas potencialmente prejudiciais.

DISCURSO
O ambientalismo tem sido objeto de crítica de diversos grupos: cientistas que contestam as provas da degradação ambiental e as previsões apocalípticas (e que geralmente contam com o apoio das indústrias poluidoras), corporações que acham que o controle ambiental prejudica os negócios e o capitalismo, além de eliminar empregos, e outros que acham que a Terra tem uma capacidade de regeneração muito maior que aquela em que os ambientalistas acreditam.

TEMAS RELACIONADOS
LIBERALISMO
p. 70
GLOBALIZAÇÃO
p. 122

DADOS BIOGRÁFICOS
JOHN MUIR
1838-1914
Naturalista e escritor que colaborou na criação do Parque Nacional de Yosemite (EUA)

RACHEL CARSON
1907-1964
Autora de *Primavera silenciosa*; expôs os perigos dos pesticidas para o meio ambiente

AL GORE JR.
1948-
Político fundamental na divulgação do documentário *Uma verdade inconveniente*, que difundiu a conscientização acerca do aquecimento global

CITAÇÃO
Elizabeth D. Blum

"Quando tentamos selecionar uma coisa só, descobrimos que ela está acoplada ao resto do Universo."

JOHN MUIR

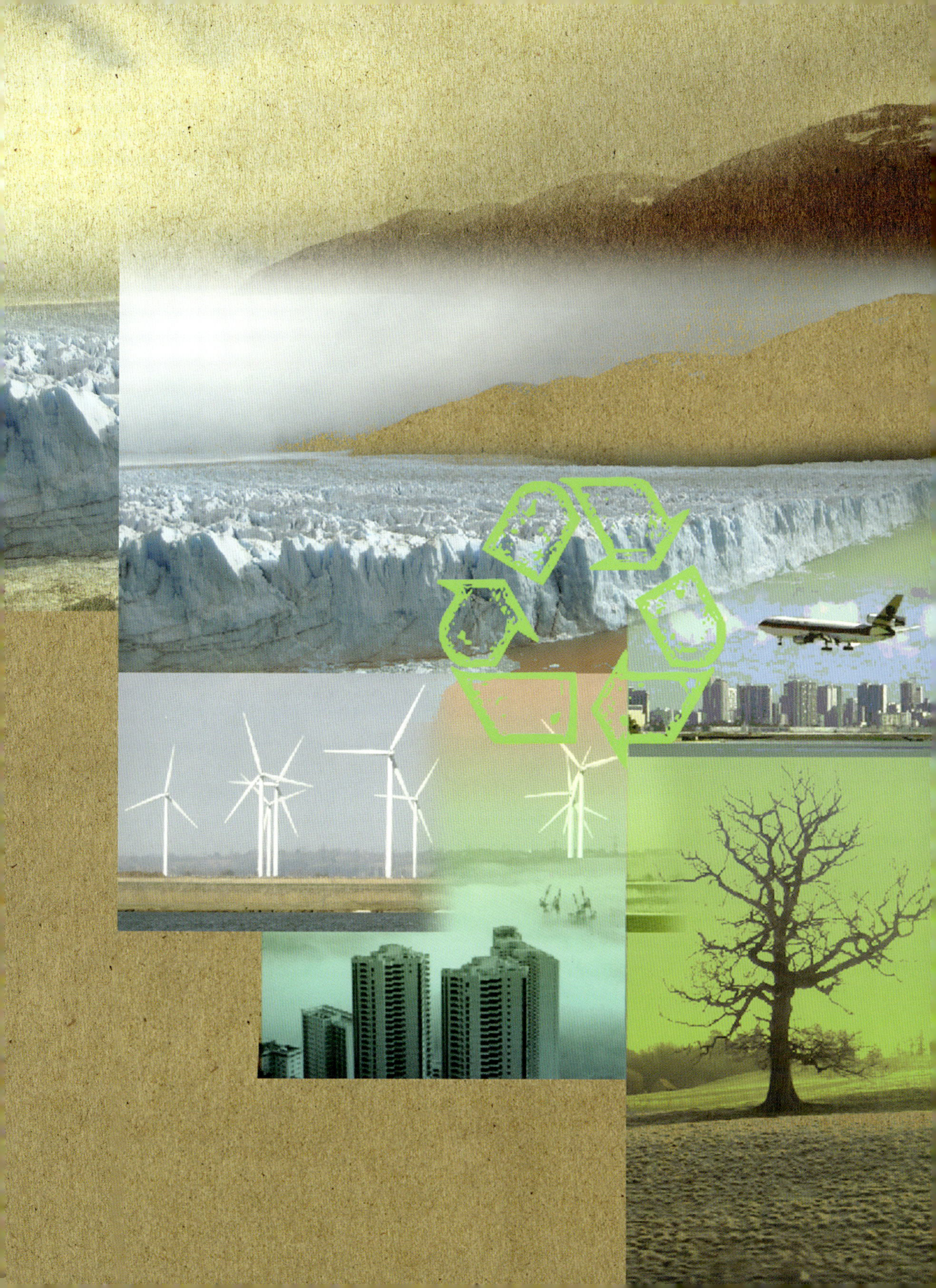

CONSTRUTIVISMO

Construtivismo é uma teoria das relações internacionais que sustenta que o sistema internacional é construído pela interação entre os países. Diferentemente do realismo, cujo foco é o poder individual do Estado e a inexistência de um governo mundial, ou das teorias liberalistas, que se preocupam principalmente com os valores e a comunicação, o construtivismo investiga o modo pelo qual as autopercepções dos Estados e seu próprio entendimento do ambiente internacional moldam (ou constroem) esse ambiente. O construtivismo afirma, particularmente, que, em vez de a anarquia representar a condição objetiva do sistema internacional, é a interação dos Estados e suas identidades e interesses percebidos que conforma o cenário internacional num determinado momento do tempo (daí a noção de que a anarquia – e, na verdade, o sistema internacional *no sentido amplo* – é "aquilo que os Estados fazem dela", nas palavras do acadêmico construtivista Alexander Wendt). Além disso, esses interesses e essas identidades são socialmente construídos, ou seja, resultam das interações entre os Estados. Em outras palavras, o sistema internacional não é composto de realidades concretas e objetivas que, em seguida, criam as opções de que os Estados dispõem dentro desse sistema, mas, antes, são os próprios Estados que criam o sistema internacional por meio de suas práticas. A consequência disso é que, como as percepções dos Estados mudam ao longo do tempo, o mesmo também acontece com o sistema internacional.

DOUTRINA
As relações internacionais não são objetivas, e sim construídas socialmente.

DISCURSO
O construtivismo é um verbete relativamente recente (sua origem remonta ao final dos anos 1980/início dos anos 1990) no campo teórico, tendo adquirido um sentido próprio nos anos 1990 e 2000. Ele superou as teorias marxistas como a terceira mais importante teoria das relações internacionais (ao lado do realismo e do liberalismo).

TEMAS RELACIONADOS
NEOLIBERALISMO
p. 128
REALISMO
p. 138
IMPERIALISMO
p. 142
NEOCONSERVADORISMO
p. 144

DADOS BIOGRÁFICOS
NICHOLAS ONUF
1941-
Teórico americano a quem se atribui a criação do termo "construtivismo".
ALEXANDER WENDT
1958-
Teórico alemão em geral associado à escola construtivista

CITAÇÃO
Steven L. Taylor

"As estruturas básicas da política internacional são sociais, não estritamente materiais."
ALEXANDER WENDT

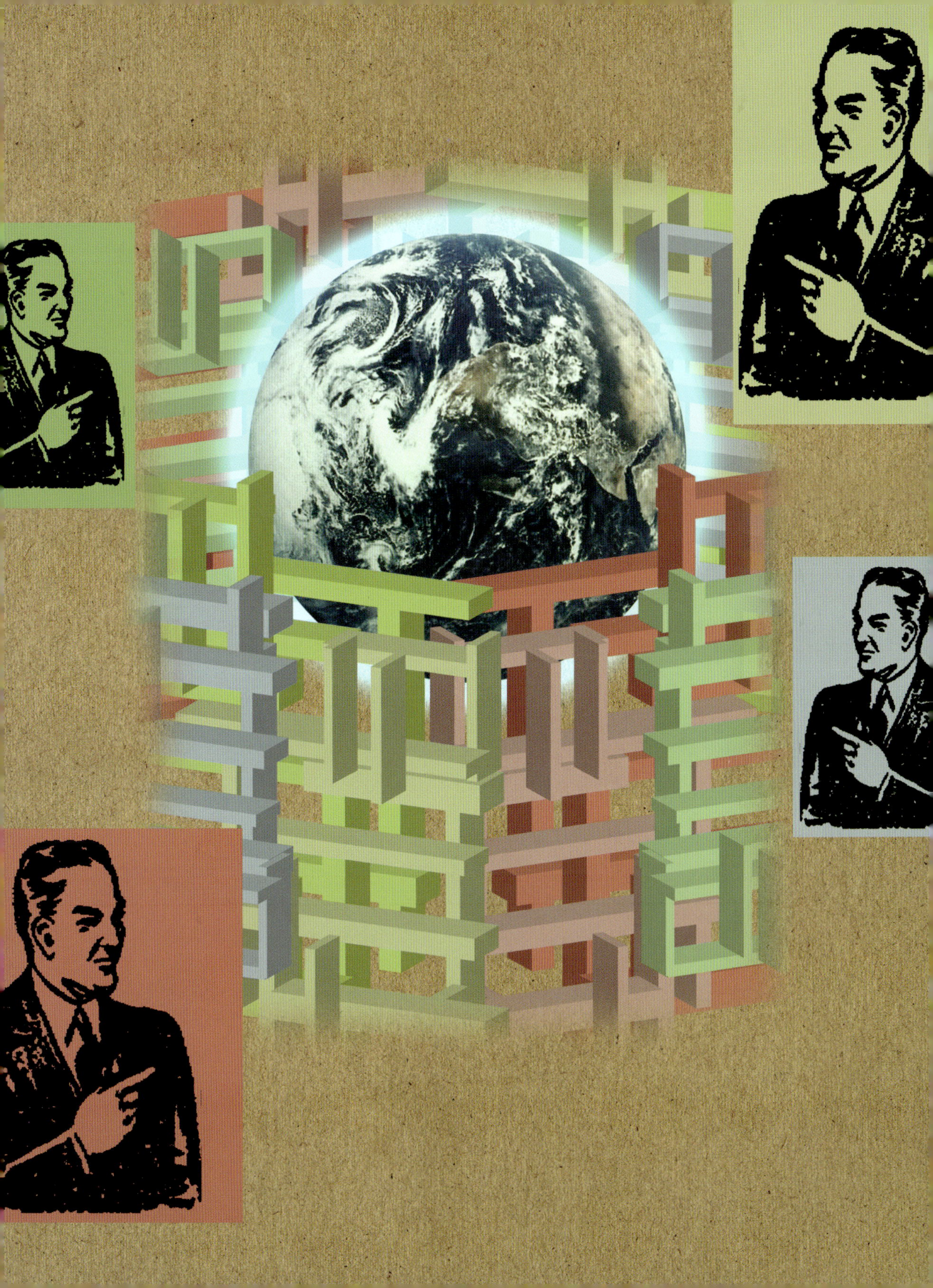

APÊNDICES

SOBRE OS COLABORADORES

EDITOR E CONSULTOR

Steven L. Taylor é doutor e professor de ciência política da Universidade de Troy, Alabama (EUA). Autor de *Voting Amid Violence: Electoral Democracy in Colombia* [Votando em meio à violência: Democracia eleitoral na Colômbia], atualmente trabalha em um projeto que compara os Estados Unidos com outras 29 democracias. Taylor colaborou com inúmeros verbetes deste volume.

AUTORES

Michael Bailey é professor associado de ciência política do Berry College, Geórgia (EUA). Publicou capítulos de livros e artigos de periódicos sobre presidência, questões da Igreja e do Estado e teoria democrática. É casado e tem três filhas.

Elizabeth Blum é professora associada de história da Universidade de Troy, Alabama (EUA). Finalizou seu primeiro livro, *Love Canal Revisited: Race, Class, and Gender in Environmental Activism* [Love Canal revisitado: Raça, classe e gênero em ativismo ambiental], em 2008. Atualmente trabalha em outro projeto, investigando a diversidade de mensagens ambientais nas origens da cultura popular infantil desde a Primeira Guerra Mundial.

G. Doug Davis é professor assistente de ciência política da Universidade de Troy, Alabama (EUA). Entre suas áreas de interesse estão a economia política internacional, as relações internacionais, a metodologia política, a ontologia e a teologia católica.

Christopher N. Lawrence é professor assistente de ciência política da Texas A&M International University, em Laredo (EUA). Estuda a opinião pública, o comportamento do eleitor e a política legislativa nos Estados Unidos e em outras democracias industriais avançadas, bem como a aplicação de métodos estatísticos avançados às questões políticas.

Feng Sung é professor assistente do Departamento de Ciência Política da Universidade de Troy, Alabama (EUA).

Gregory Weeks é professor associado de ciência política e diretor de Estudos Latino-Americanos da Universidade da Carolina do Norte, em Charlotte (EUA). É autor de diversos livros e artigos sobre a política latino-americana, as relações Estados Unidos-América Latina e a imigração. Tem um blog sobre política latino-americana: http://weeksnotice.blogspot.com

FONTES DE INFORMAÇÃO

LIVROS

Anarquia, Estado e utopia
Robert Nozick (WMF Martins Fontes, 2011)

Antonio Gramsci
Steven J. Jones (Routledge, 2006)

O caminho da servidão
F. A. Hayek (Vide Editorial, 2013)

Death of Nature: Women, Ecology and the Scientific Revolution
[Morte da Natureza: Mulheres, ecologia e a revolução científica]
Carolyn Merchant (HarperOne, 1990)

Dialética do Esclarecimento
Max Horkheimer e Theodor W. Adorno
(Jorge Zahar, 1985)

England's Treasure by Foreign Trade
[O tesouro da Inglaterra pelo comércio exterior]
Thomas Mun (1664)

O enigma do capital e as crises do capitalismo
David Harvey (Boitempo, 2011)

First Along the River: A Brief History of the U.S. Environmental Movement
[Breve história do movimento ambiental dos EUA]
Benjamin Kline (Rowman & Littlefield, 3ª ed., 2007)

Forcing the Spring: The Transformation of the American Environmental Movement
[A transformação do movimento ambiental americano]
Robert Gottlieb (Island Press, 1993)

The General Idea of Revolution in the Nineteenth Century
[Ideia geral da revolução no século XIX]
Pierre-Joseph Proudhon (Cosimo Classics, 2007)

História da filosofia política
Leo Strauss e Joseph Cropsey (Grupo Editorial Nacional, 2013)

O imperialismo, fase superior do capitalismo
Vladimir Lênin (1916)

Introduction to Objectivist Epistemology
[Introdução à epistemologia objetivista]
Ayn Rand (Plume, 1989)

Livre para escolher
Milton e Rose Friedman (Record, 2015)

Making Sense of International Relations Theory
[O sentido da teoria das relações internacionais]
Jennifer Sterling-Folker, ed. (Lynne Rienner, 2006)

Nature's Metropolis: Chicago and the Great West
[Metrópoles da natureza: Chicago e o Grande Oeste]
William Cronon (Norton, 1991)

The Philosophical Roots of Modern Ideology
[As raízes filosóficas da ideologia moderna]
David E. Ingersoll, et al. (Sloan Publishing, 2010)

Political Ideology: Why the American Common Man Believes What He Does
[Ideologia política: Por que o homem comum americano acredita no que faz]
Robert E. Lane (The Free Press, 1967)

Postmodernism, or, The Cultural Logic of Late Capitalism [Pós-modernismo, ou A Lógica cultural do capitalismo tardio]
Fredric Jameson (Duke University Press, 2001)

The Poverty of Liberalism
[A pobreza do liberalismo]
Robert Paul Wolff (Beacon Press, 1968)

Um prefácio à teoria democrática
Robert A. Dahl (Jorge Zahar, 1996)

O príncipe
Nicolau Maquiavel (1513)

The Sanitary City: Urban Infrastructure in America from Colonial to the Present
[A cidade sanitária: Infraestrutura urbana nos EUA dos tempos coloniais até o presente]
Martin V. Melosi (Johns Hopkins University Press, 2000)

Sistema das contradições econômicas ou Filosofia da miséria
Pierre-Joseph Proudhon (Ícone Editora, 2003)

Sobre a democracia
Robert A. Dahl (Editora UnB, 2009)

Sobre a liberdade
J. S. Mill (Hedra, 2010)

Socialism and War
[O socialismo e a guerra]
G. Zinoviev e Vladimir Lênin (1908, Kessinger, 2007)

The Spirit of Democracy: The Struggle to Build Free Societies Throughout the World
[O espírito da democracia: A luta para construir sociedades livres ao redor do mundo]
Larry Diamond (Times Books, 2008)

Taming the Prince
[Domando o príncipe]
Harvey C. Mansfield (Free Press, 1999)

Uma teoria da justiça
John Rawls (Martins, 2008)

Teoria geral do emprego, do juro e da moeda
John Maynard Keynes (Saraiva, 2012)

The Un-Marxian Socialist: A Study of Proudhon
[O socialismo não marxista: Um estudo de Proudhon]
Henri de Lubac (Sheed & Ward, 1948)

The Virtue of Selfishness
[A virtude do egoísmo]
Ayn Rand (Signet, 1964)

Wilderness and the American Mind
[A natureza selvagem e a mente americana]
Roderick Nash (Yale University Press, 3ª ed., 1967)

CITAÇÕES SELECIONADAS (em inglês)
(citados pelos verbetes ou ligados a eles):

A democracia na América
Alexis de Tocqueville
http://www.gutenberg.org/ebooks/815

Ética para Nicômaco
Aristóteles
http://classics.mit.edu/Aristotle/nicomachaen.html

Política
Aristóteles
http://classics.mit.edu/Aristotle/politics.html

Reflexões sobre a revolução na França
Edmund Burke
http://www.bartleby.com/24/3/

Segundo tratado do governo civil
John Locke
http://oregonstate.edu/instruct/phl302/texts/locke/locke2/2nd-contents.html

Os artigos federalistas [também abreviado para *O federalista*]
Alexander Hamilton, James Madison e John Jay
http://thomas.loc.gov/home/histdox/fedpapers.html

Crítica do Programa de Gotha
Karl Marx
http://www.marxists.org/archive/marx/works/1875/gotha/ch01.htm

Manifesto comunista
Karl Marx e Friedrich Engels
http://www.marxists.org/archive/marx/works/1848/communist-manifesto/

O espírito das leis
Barão de Montesquieu
http://etext.virginia.edu/toc/modeng/public/MonLaws.html

A riqueza das nações
Adam Smith
http://www.online-literature.com/adam_smith/wealth_nations/

SITES (em inglês)

Arquivo eleitoral de Adam Carr
http://psephos.adam-carr.net/

Projeto Avalon: documentos sobre direito, história e diplomacia
http://avalon.law.yale.edu/default.asp

Instituto de Defesa da Democracia e de Apoio Eleitoral (IDEA na sigla em inglês)
http://www.idea.int/index.cfm

Biblioteca de Clássicos na Internet (MIT)
http://classics.mit.edu/index.html

Originais de História Moderna na Internet
http://www.fordham.edu/halsall/mod/modsbook.html

União Interparlamentar
http://www.ipu.org/english/home.htm (Contém informações sobre parlamentos, sistemas eleitorais e assuntos semelhantes.)

Arquivo-Biblioteca dos Marxistas na Internet
http://www.marxists.org/archive/index.htm

Biblioteca Digital Perseus
http://www.perseus.tufts.edu/hopper/

Banco de Dados Políticos das Américas
http://pdba.georgetown.edu/

Fontes de Referência de Ciência Política de Richard Kimber
http://www.politicsresources.net/

Enciclopédia de Filosofia de Stanford
http://plato.stanford.edu/

Treehugger (site e blog de notícias sobre meio ambiente)
www.treehugger.com

ÍNDICE

A
Alexandre, o Grande 21
ambientalismo 148
anarcossindicalismo 112
anarquismo 56
Archer, William 50
Arendt, Hannah 28, 44
aristocracia 12, 18, 21, 28
Aristóteles 6, 20-1, 22, 24, 131
Atatürk, Mustafa Kemal 146
Attlee, Clement 120
autocracia 34, 35
autoritarismo 8, 16, 28, 44

B
Babeuf, François Noël 30
Bagehot, Walter 92
Bakunin, Mikhail A. 56
Bernstein, Eduard 74, 120
Beveridge, William 74
Bové, José 122
Brandan, Nathaniel 132
burguesia 12, 13, 100, 104, 107
Burke, Edmund 68
Bush, George W. 144

C
Caldicot, Helen 146
Cannon, Joseph G. 80
capitalismo 70, 74, 100, 102, 104, 107, 112, 118, 132
Carlos I 16
Carlos Magno 14
Carson, Rachel 148
Chávez, Hugo 120
Chomsky, Noam 112
Churchill, Winston 24, 120, 138
clientelismo 34, 46
comunismo 8, 14, 30, 98-113
conflito de classe 30
corporativismo 38

D
Dahl, Robert 24
Darwin, Charles 116
democracia 8, 12, 24, 74, 76-97
democracia parlamentarista 92
democracia representativa 26, 58
Deng, Xiaoping 110
Descartes, René 65
despotismo 16, 34, 50
despotismo esclarecido 12, 26
Diamond, Larry 24
direito divino dos reis 12, 14, 34, 50, 67
Disraeli, Benjamin 92
ditadura 34, 36, 41
Douglas, Stephen A. 60
Duvalier, François 46
Duverger, Maurice 62

E
economia mista 12, 54, 74, 118, 120
economia política 8, 114-33
Elazar, Daniel J. 94, 96
Engels, Friedrich 30, 104, 106, 120
Estado unitário 96

F
fascismo 16, 34, 38, 40, 41, 42, 44
favoritismo 13
federalismo 94
Filipe II da Macedônia 21
Francisco, papa 50
Franco, Francisco 38
freios e contrapesos 80, 90
Friedman, Milton 72, 118, 128
Friedman, Thomas 122

G
García, Anastasio Somoza 46
Gellner, Ernest 146
Gentile, Giovanni 38
Gladstone, William Ewart 60
globalização 9, 122, 128
Gore, Al 148
Gramsci, Antonio 35, 96, 102, 136
Grande Salto para a Frente 100, 110
Greenspan, Alan 132

H
Hamilton, Alexander 82
Harvey, David 102
Hayek, Friedrich 72, 118
hegemonia 34
Heidegger, Martin 42
Henrique III 80
Herron, George D. 36
Hitler, Adolf 38, 41
Hobbes, Thomas 26
Holmes, Oliver Wendell 84
Hosseini Khamenei, Ali 50
Hughes, Charles E. 84
Hume, David 56
Huntington, Samuel P. 48
Hussein, Saddam 16, 28

I
imperialismo 13

J
Jefferson, Thomas 21, 26, 64
João I da Inglaterra 26
Josefo 50
Juan Carlos I 14

K
Keynes, John Maynard 70
keynesianismo 70, 124
Kim, Il-Sung 16, 44
Kim, Jong Il 36
Kirkpatrick, Jeane 144
Kissinger, Henry 138
Kristol, Irving 144
Kristol, William 144

L
Lênin, Vladimir 13, 74, 100, 104, 108, 120, 142
liberalismo 70
liberalismo clássico 64, 67
liberdade positiva 55, 70
libertarianismo 72, 131
Lijphart, Arend 92
Lincoln, Abraham 68

Linz, Juan J. 28, 44
livre mercado 55, 72
Locke, John 21, 26, 66, 82, 86, 132
Luís XIV 14, 16

M
Madison, James 24, 54, 58, 60, 86, 90
majoritarianismo 60
Mandato dos Céus 35, 50
Mao Tsé-tung 100, 110, 120
Maquiavel, Nicolau 82
Marshall, John 84
Marx, Karl 74, 100, 102, 104, 106-7, 120
marxismo 12, 13, 30, 100, 102, 104, 106-7, 110
marxismo-leninismo 12, 16, 101, 108, 142
mercantilismo 126, 142
meritocracia 12, 18
Mill, John Stuart 24, 54, 58, 62, 72
monarquia 13, 14, 21, 28
monarquia constitucional 13, 14, 78
monarquia hereditária 13
Montesquieu, barão de 8, 16, 22, 86, 88-9
Morgenthau, Hans 138, 140-1
Mosca, Gaetano 22
Mugabe, Robert 36
Muir, John 148
Mun, Thomas 126
Musharraf, Pervez 48

Mussolini, Benito 38, 40, 42
Müntzer, Thomas 30

N
nacionalismo 144
Napoleão I 14
nazismo 41, 42
neoconservadorismo 144
neoliberalismo 128
neonazismo 35, 42
neopatrimonialismo 48
nepotismo 12
Nietzsche, Friedrich 42

O
oligarquia 12, 16, 21, 22
Omar, mulá Muhammad 50
Onuf, Nicholas 150
Owen, Robert 120
O'Rourke, P. J. 72

P
Paine, Thomas 58
paternalismo 55, 64
patrimonialismo 46
Pinochet, Augusto 48
Pisístrato 16
Platão 18, 21, 22, 24
poder absolutista 13, 14, 16
poder executivo 82
poder judiciário 84
poder legislativo 80
Podhoretz, Norman 144
Pol Pot 100
pretorianismo 48
proletariado 13, 101, 104, 108
Proudhon, Pierre-Joseph 56, 112

R
Rand, Ayn 130-1
Reagan, Ronald 68, 138
realismo 138
realismo clássico 128
relações internacionais 8, 134-51
Revolução Cultural 101, 110
Revolução Industrial 104
Riker, William H. 94, 96
Roosevelt, Franklin D. 70
Rousseau, Jean-Jacques 26

S
Saint Simon, Henri de 120
Saxe, John Godfrey 80
separação de poderes 80, 86, 89
Shugart, Matthew S. 62
Smith, Adam 64, 116, 118, 126, 128, 132
Smith, Thomas 126
soberania popular 26
social-democracia 74
socialismo 12, 40, 74, 120
socialismo árabe 13, 16
socialismo europeu 12
Spencer, Herbert 64
Stálin, Joseph 16
Stepan, Alfred 94
Strauss, Leo 144
sultanismo 35, 46
Sun, Yat-Sen 146

T
teocracia 14, 28, 50
teoria do contrato social 56, 67
Terceiro Reich 35, 42
Thatcher, Margaret 68
Thoreau, Henry David 56
tirania 16, 21, 34
Tocqueville, Alexis de 18, 60
totalitarismo 38, 42, 44, 74

V
Vico, Giovanni Battista 26

W
Waltz, Kenneth 138
Weber, Max 46
Wendt, Alexander 150
Williams, William Appleton 142
Wilson, Woodrow 82, 86
Wolff, Robert Paul 56

AGRADECIMENTOS

CRÉDITOS DAS IMAGENS
A editora gostaria de agradecer às seguintes pessoas e organizações pela gentileza de autorizar a reprodução das imagens deste livro. Embora todos os esforços tenham sido feitos para dar o crédito das ilustrações, pedimos desculpas por qualquer omissão não intencional.

Fotolia/Stephane Tougard: 110.
Getty Images/Ralph Morse/Time Life Pictures: 140.
Biblioteca do Congresso, Divisão de Gravuras e Fotografias, Washington D.C.: 40, 43, 66, 88, 144be.
Ludovisi Collection: 20.
Rex Features/CSU Archive/ Everett Collection: 130.